公認心理師
リズ山崎
Lyzz Yamazaki

神の力の使い方

ビジネス社

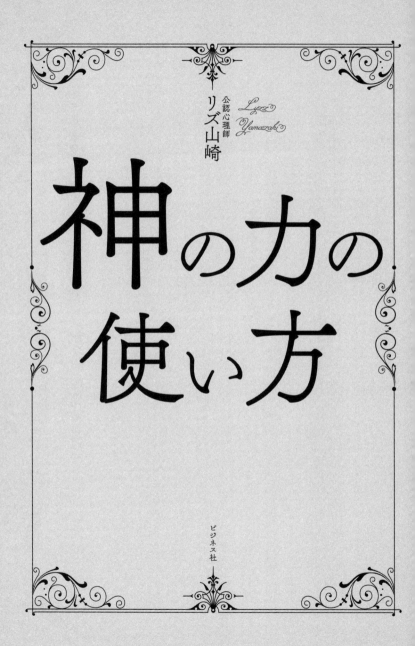

第1章　魂に出会う旅に出よう！

第2章　人には無限の可能性がある

第3章　悩みの向こうに魂がある

第4章　人はみな「神の力」の通り道

第5章 ヴィジョン・クエスト

第6章 人格と霊格を磨く

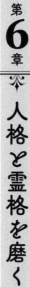

第1章

魂に出会う旅に出よう!

直感を信じて

自分の将来について、「音楽関係」という漠然とした夢を抱いていた私は、高校卒業と同時に、すぎやまこういち氏らが所属する音楽制作会社に入った。アレンジャーあかのたちお氏のアシスタントとして落ち着いたのだが、48キロあった体重がみるみる減り38キロになったところで過労による胃潰瘍に倒れ、1年足らずで退社を余儀なくされた。不規則で寝不足続きではあったものの、毎日楽しく充実していただけにショックで口惜しかった。

早々に夢破れた私は、治療しながら、先の見えないバイト生活をしていた。

母に勧められて、しはじめた積み立てが約50万円貯まったとき、その使い道を当時のボーイフレンドで憧れの先輩でもあった彼に相談した。

第1章

魂に出会う旅に出よう！

「ヴィトンのバッグでも買おうかなぁ、それともフェンディがいいと思う？」

「アメリカ行ってこい！　そんなこと言ってないで」

「えー、だって、誰と行けばいいのぉ？」

「一人で行ってこい。広い世界を見てこいよ」

「アメリカ行ってこい！」。ボーイフレンドの一声で20歳の春、初めての海外旅行へ行った。新婚旅行カップルに混ざっての、サンフランシスコ、ロサンゼルス、ハワイを巡る8日間添乗員つきツアーだった。


その旅で私は、人生を変える衝撃的な体験をする。

それは、ロサンゼルスのウエスト・ハリウッドで観光名所になっているサンセット・ストリップという通りへ行ったときのこと。


そこは高台で目下にはロサンゼルス市街地が一望できる。両脇の歩道には20メートル以上ある椰子の木が立ち並んでいる。その葉が楽しげに風にざわめき太陽に輝くのを見上げていた。その向こうは雲ひとつないカラッとしたカリフォルニアのブルースカイ。

そこで青空を見上げたとき、心の声がこう叫んだのだ。

「今私、心で呼吸してる！」

突然聞こえた心の声。そして、生まれて初めて「心で呼吸している」と感じられた不思議な瞬間。これまでだって、もちろん呼吸して生きてきたのだろう。でも、今、心で呼吸ができている!!

わぁ、こんな感覚初めて！
ぼーん、と、何かが内側から飛び出してきたような衝撃的な体験だった。
そして、即座に私は「ここに住みたい！」と思った。
「住んだことがある」と言えるなら数ヶ月間でもいい、とにかく住んでみたい。

膨らむ夢

帰国してからの1年、その目標を中心に生活が回った。お洋服やレコードに費やしていたお金は一切使わず貯金。

第1章
魂に出会う旅に出よう！

でも3歳から毎年スキーへ行きインターハイ出場経験もあった私はスキーを我慢するのは辛いと思い、スキー場でバイトすることにした。銀座に本店のある好日山荘というスキーショップが苗場スキー場に出店しており、店長さんと顔見知りになっていたので夏のうちに問い合わせ、冬の5ヶ月間、苗場プリンスホテルのスキーショップでバイトした。寮制で三食つき。リフト代もかからず狙い通り貯金は増えていった。

長期、親元から離れる経験はこのとき初めてだったが、洗濯のほか辛いものが食べられなかった私を配慮しての料理など、母が長年当たり前にしてくれていたことが、どんなにありがたいことなのか痛切に感じた。スキー場からも両親へ感謝の手紙を送った。

ゴールデンウイークでスキー場でのバイトは終わり、その夏は本牧のショットバー「シャッフル」で毎日明け方まで働いた。といっても店長も常連客も友達。10席程度の小さな店で楽しく働いた。暇な時間は留学情報の冊子を見たりアメリカ行ってこいと言ってくれた彼にもらった地図を延々と眺めたりして過ごした。

その地図は彼がアメリカ旅行したとき使った地図だったのだが、それを見ていたとき私は驚きのあまり目が釘付けになってしまった。

なぜなら、彼が印をつけ、カタカナで「ラ・シェネガ」と書き込んだその交差点こそ、「心で呼吸している！」と衝撃を受けた場所だったからだ。

この世に偶然はありません。
すべては必然、すべては導き。
すべてはうまくいっています。

ブレイヴ・ガール

21歳、夏。貯めた100万円を持って、私は、ロサンゼルスへ渡った。
カリフォルニアの青い空、パームツリー、気分は最高だった。

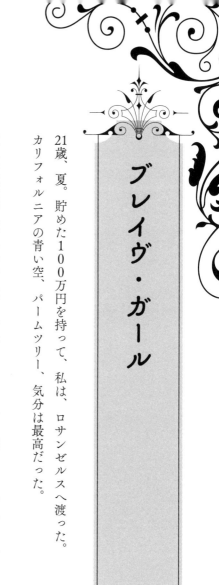

友人の彼氏が「女の子一人でも安全なアパート」を探してくれた。それなりに高額だったけれど、セキュリティ万全なうえ、BBQのできるプールやジャグジー、ビリヤードルームやピアノバー、テニスコートにバスケットボールコートまでついている。夕方になるとプールサイドの椰子の木はライトアップされ、仕事を終えた住人がワイン片手にBBQを楽しんだりしている、夢のような世界だった。

友達も少しずつできロサンゼルス生活を満喫していた。私の「いづみ」という本名に遠くない欧米風なニックネームをということで「リズ」と呼ばれることになったのもこのころだ。

手持ちのお金を減らしたくなかったので、送迎してもらえる唯一のバイト、日本人クラブのホステスを短期間した。当時の私はそのことは親や日本にいる友達には言えず内緒にしていた。

日本人のクラブはグランドピアノの近くにダンスフロアがあり、「ピアノさん」は弾き語りのほか、お客さんが歌う歌の伴奏をしたりする。ピアノやエレクトーンを習ったことがあった私は、ピアノの仕事につければなぁ、と密かに考えたものだ。

一人でアメリカ大陸を横断

とはいえ、ロサンゼルスは車がないと動きようがない。車検のないアメリカには安いボロ車はいくらでもあったが、路上で故障してしまうような車では危険だ。

「ここで車を手に入れてもバイトが見つかるとは限らないし、滞在ビザが降りなければ長期滞在は無理。となると、車を手に入れてもロサンゼルス周辺をウロウロして日本へ帰ることになるだけか」と、今後の身のふりようについて考えあぐねていた。

と、ちょうどそのころ日本人の友達が「地球の歩き方」創刊号「アメリカ」編という本を貸してくれた。

これだ！と思った私は「大陸横断ひとり旅して、潔く横浜へ帰ろう」と心に決めた。

アメリカに渡って3ヶ月目のことだった。


ところが長距離バス「グレイハウンド」で旅をする、と話すと周りは猛反対。「リズ、そんなことしたら命がいくつあっても足りないよ」「レイプされて殺されるよ」と言う。

そこで私は会う人すべてに意見を聞いてみた。その結果、長距離バスに乗ったことのない人に限って反対したが、経験者で反対した人は一人もいないことがわかった。ある白人のおばあちゃんから「楽しいからぜひ行ってらっしゃい」と言われたのを決め手に、私は、クリスマスシーズンに南回りで大陸横断することにした。

もちろん、犯罪に巻き込まれないようにするため、運転手さんの近くに席を取る、バスターミナルでの発着時間が深夜にならないよう計算して予約する、など絶対に守るべき注意事項はいくつかあった。

かけがえのない経験

身長より高いサボテンが群生するアリゾナ州のツーソン、テキサス州のエル・パソ、川辺の遊歩道におしゃれなレストランが立ち並ぶサンアントニオ、ヒューストンではNASAを見学し、ルイジアナ州のニューオリンズでは夜中までジャズを楽しんだ。フロリダ州のマイアミ、ジョージア州のセントオーガスティン、ワシントンD.C.そしてニューヨーク。

各都市のユースホステルなど低料金の宿に2、3泊ずつ泊まりながら気の向くままに20日ほどかけてニューヨークまで旅し、ニューヨークでクリスマスとお正月を過ごした。

ニューオリンズへ向かうバスのなかでは、ニューオリンズが舞台となっている戯曲「欲望という名の列車」を読みふけった。バスの窓から流れる雄大な景色を眺め「すごく豊かなことをしている」と実感し、感謝の気持ちでいっぱいになった。

東洋人は体も小さく幼なげに見えるものだから、いく先々で人々はバックパックを背負って旅する少女に話しかけてきた。そのたびに日本から来たことや、自分の歳、旅の理由などを伝えると、誰もが驚いてこのひと言を返してきた。

「What a brave girl!」(なんて勇敢な女の子!)

ブレイヴ・ガール。
その後のアメリカ生活で幾度となく言われることになる言葉だった。

経験したことのない者の言う「危険だ」に惑わされず、
心のままに冒険しよう。
大胆すぎるくらいが、ちょうどよいのかもしれません。

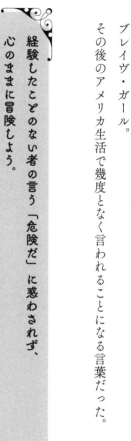

ポンコツ車で追いかけよう、夢

ロサンゼルスに帰って、ばったり会った友達に、大陸横断したことや帰国するつもりでいることを話したところ、「動く車があるんだけど、買う？」と言われた。「買った！」と私から握手を求め、取引成立。

300ドルで買った1970年型ダッヂスウィンガー。運転席のドアが大きくへこんでいたがエンジンはしっかりしていた。この車のおかげで、初めて一時帰国したのは渡米してから1年半後のこと。私はどうにか車社会のロサンゼルスに住み着くことができた。

神様に宇宙に感謝

車を手に入れた私はホステスを辞め、ビバリーヒルズの日本食レストランでバイトしよう、と考えた。その理由は「英語」と「チップ」。

日本人街にはウェイトレスを募集しているレストランがたくさんあるが、店内の会話もメニューも日本語。それでは英語の上達はできないので却下。そのうえ単価の安い店はチップも少ない。一方、ビバリーヒルズは高級街。英語も覚えられてチップも良い、一石二鳥だ。

ホステスのとき送迎ドライブ係をしてくれていたサトシにそのことを話してみると「前に皿洗いしてた店、紹介してやる」と言い、ピア・ガーデン（梨園）という神戸出身の韓国人女性が経営するレストランに連れて行ってくれた。寿司、鉄板焼き、焼肉、それぞれのコーナーのある大きなレストランだった。その日にバイトが決まった。

車にせよバイトにせよ、ぐんぐん導かれている気がして、神様に宇宙に感謝した。

願いを叶える、そのために、
求めてください、決めてください。
そして、言葉にしてください。

イエスマン・レッスン

ピア・ガーデンでのバイトは楽しかったけれど、レッスンもあった。

当時の私は、言うならば〝ギャル〟。見た目も派手で、うきうきキャピキャピ、大人から見たら危なっかしく、うっとうしくもあったことでしょう。私がそんな様子だったからか、女社長のミス・フミコは私にだけ厳しかった。

客入り前のひととき、きちんとスタンバイした姿勢でウェイトレス同士、小声でおしゃべりしていると、ミス・フミコは鋭い目線で私だけ呼びつける。「リズ、ちょっと」。みんな平等に休憩時間をとっているのに、裏で座っている私を見つけては「リズ、ちょっと」。

その都度、曲がっている椅子を全部整頓して回りなさいだとか、フォークやナイフなどシルバー食器の水痕のシミを乾拭きして回りなさいなどと指示する。

欧米では、接客はウェイトレスの仕事だが、食器のセットや後片づけはバスボーイの仕事と決まっているので、内心「なんで？」という気持ちもありました。が、怖さが先立ち、その都度言いつけに従う私でした。

そんなある日、極めつけのひと言をいただいた。
いつものように私を呼びつけ、ミス・フミコはまっすぐ私を見てこう言った。
「リズ、あんたなんか若いんだからね。
〝はい〟と言って、得はしても損はしないよ！」

一瞬、大きなハテナマークが頭上に浮かびました。しかし、このときの返事はどう考えてもただひとつ、「はい」であったことは言うまでもない。

「はい」と言うレッスン

ミス・フミコは、厳しい反面、優しく楽しい面もありました。
当時、音楽学校に通っていた私は、毎日バイトの出勤時刻より2、3時間ほど早めに店に到着し、宿題をしていたのだが、そんな私に美味しいものを差し入れてくれたり、イケメンのお客さんの話題ではチャーミングに盛り上がったりする。私は、そんな彼女に惹かれていたので、彼女からの〝教え〟を守り、何にでも「はい」「はい」と答えることに徹底した。

「えー」とか「でも」とか思っても言わず、「はい」というのはある意味、自我を削ること。今思えば神の力の通り道になる訓練は、そのころから始まっていたのかもしれません。なぜなら、この後の長い人生で、神の力は「空っぽの通り道」に通される、ということを身をもって体験していくことになるからです。

同僚から休みの交代を頼まれたり、板前さんから私の担当以外の仕事を言いつけられたりしても、すべて「はい」と引き受けた。

当然、私の評判は上がった。

普段、渋い顔つきの板長さんからは、

「お前は見かけによらず、よく働くいい子だなぁ」なんて、頭を叩かれたりして嬉しかった。

仕事後に全員で食べるまかないも美味しく、マネージャーと出身地が同じ横浜だということで話が盛り上がったりもし、和気藹々《わきあいあい》と毎日生き生き学校とバイトの往復にいそしんだ。真っ黒く日焼けした和服姿で。

「はい」という素直な心と言葉を実践してください。
神の力の使い手になることへの第一歩だからです。

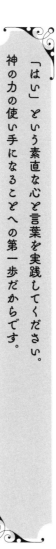

トイレの片隅で微笑む神様

初めてのツアーで衝撃を受け、「ここに住みたい！」と思った場所。それは、ウエスト・ハリウッドのラ・シェネガ通りとサンセット通りの交差点周辺。

ピア・ガーデンはラ・シェネガ通りに面していた。やはり、どうしてもそのエリアに住みたくて、新聞のルームメイト募集欄から条件の合う人を見つけ、ブラックチェリーを手土産に、シカゴ出身のリンという白人の女性をたずねた。ブロンズの巻き髪にグリーングレイの瞳。ちょっと日焼けしていてセクシー。だけど中性的な快活さのある素敵な24歳のリンは、これまでに七人の応募者と面接したとのことだった。二人でチェリーを頬ばりながら話し、その日は別れたが、後日、リンからの電話で、私を選んでくれたことを告げられた。こうして、憧れの地でルームメイトとの生活がはじまった。

突き抜ける青空と椰子の木のもと、「心が呼吸してる！」と感じた、あの衝撃から2年後、22歳の夏、憧れの地に住むという願いを叶えた私は最高にハッピーだった！

小さな友達

このころの私は「先の見えない何か」に向かって夢中で走っていた。ジャズやロックのプロを育てるノースハリウッドの音楽学校に通い、山ほどある宿題とバイトだけで毎日が過ぎていった。そんな生活のなか、アパートの〝小さな住人〟を大切にしている自分を発見したとき、あることに気づいた。

トイレの足元。壁と床の三角コーナーに張られたわずか1、2センチの小さな巣のなかに暮らす1匹のクモ。昼間、明るい光が差し込む時間帯には、微動だにしない小さな黒い粒。それが、バイトを終え、リンが寝静まった部屋に帰るとモゴモゴ動いている。「動いている生き物を見るだけで、これほどほっとするなんて。ああ、私今、本当はすごく孤独で寂しいんだ」そう実感したのです。でも客観的に自認しただけで、落ち込んだり不安になったりすることはなかった。今思えば、そんな暇がないほど、前だけ向いていたように思います。

それ以来、朝支度しているとき小さく丸まっているクモ君を見ては、

「お前ちゃん、まだ寝てるのか」

夜動いているクモ君には、

「よ、起きたのか」

などと話しかけ、この小さな友人を愛おしく大切に、忙しい日々を送りました。


自分を憐れまないでください。

心の友はあなたの近くにいるからです。

「お試し」は突然やってくる

そんなある日、マネージャーから呼び出され、「突然のクビ」を言い渡された。

ショックを飛び越え、それこそハテナ。そのころ人一倍真面目に仕事していたことは自分が一番よくわかっていたので、私は堂々と理由を問い詰めることができた。

マネージャーは、遅刻や休みが多いからといったが、記録があったのでその場で証明してみせた。すると、今度は仕事の態度だとか、仲間からの評判だとかアレコレあげてきて、言い分はメチャクチャでした。

マネージャーは、私にどうしても辞めて欲しかったらしく、その権限もある。けれど年配の板前さんたちからクレームがくることも予想できたからか、自分がクビにするくせに、「学校の都合で辞めたと言っておいてあげるから」などとヌカスではありませんか。

私はぴしゃりと言ってやった。

「いいえ。みんなにも、マネージャーからクビにされたと言っておいてください！」

仕事のラストまであと1週間。私は、口惜しくて口惜しくて仕方がなかった。次のバイトの心配よりも、この気持ちをどうしたらいいか、残り7日間をどう過ごせばいいのか……。ものすごく辛かった。

真実は明るみに出る

私が仕事を辞める噂は、すぐに広がり、私の頭を叩いて褒めてくれた板長さんからも「なんだ、お前辞めちゃうんだって？　よかったのになぁ、もったいない」

と言われました。

ミス・フミコは黙って私を抱きしめてくれました。

あえて厳しくした彼女と、その言いつけを守りがんばった私とのあいだに、何か通じあうものを彼女も感じてくれていたのでしょう。私はミス・フミコの胸に顔をうずめて号泣した。けれども彼女は「リズがよく頑張っていたことは認めている。でもマネージャーに一任していることだから、どうにもしてあげられない」と言いました。

そして、私の頭を撫でながら、耳元でこう言いました。

第1章 魂に出会う旅に出よう！

「リズ。隠れている真実で、明るみに出ないものなんて、ないからね」

噂を聞きつけた同僚のウェイトレスと話すうちに真相が見えてきました。

私よりいくつか年上の美人でスタイルもよい先輩ウェイトレスがおり、担当エリアが違うので、はじめからあまり接触しなかったのだけれど、いつからか私への風当たりが強くなっていたのだ。あるときなどは、すれ違いざまに私を睨みつけて「偽善者！」と言い捨てたことがあった。「は？」意味不明！　私も鈍感なところがあり、気にせずにいた。けれども、同僚から話を聞いて、つじつまが合ってきた。

偽善者事件は、私がマネージャーと親しげに出身地横浜の話で盛り上がったことがきっかけだったらしい。そう、彼女はマネージャーの恋人だったのだ。その彼女が「リズと同じ日に働くなら辞める」と言い出したというのが真相。私も彼女も週5日かそれ以上仕事していたので、マネージャーは二人がまったく顔を合わせないようなシフトを組むことができず、私のクビを切ったというわけ。

納得がいかず、口惜しくて仕方ない私は考えた。

金曜日の忙しい夜に無断欠勤して困らせてやり、そのまま辞めてしまおうか、と。

けれども、それでは今までの努力が水の泡。そんなのもっと口惜しいじゃないか。ならば、と私は決心した。

「残りの1週間、これまで以上の笑顔と〝はい〟で勤めあげてみせる！」

こうして、人知れない達成感と共に私のピア・ガーデン時代は幕を閉じた。

数週間後、ミス・フミコが「次のバイトは見つかりそう？」と直々に電話をくれ「真実は早々に明らかになってきているからね」と伝えてくれた。

もし、あのとき腹いせに無断欠勤してそのまま辞めたりしていたら、きっと、その後の人生での運気も悪くなっていたのではないかと思う。

一幕ごとの試練をいかに昇華させるかが、次の幕開けを左右することでしょう。

隠された真実は、必ず神様が照らし
何らかの形で報いてくださいます。
だから、あなたしか知らない心の勲章を輝かせてください。

「ポジティヴ思考」は神様からのメッセージ

この時期は、「自分の道を見つけること」に焦っていて、ミュージシャンを目指そうと決めた時期だった。

そして、このころから、時折「トラ」と呼ばれる弾き語りのピンチヒッターの仕事が入るようになり、臨時収入を得ていた。トラとは、エキストラの略語である。

店内のピアノの上には、大きなブランデーグラスが置かれていて、歌のリクエストをしたお客さんは、そのなかにチップを入れるようになっている。

一晩の日給は100ドルで、グラスの中のチップは全額もらっていいことになっていた。チップだけで100ドル超えることも珍しくなかったので、トラを一晩頼まれると、ウェイトレスの3日分稼ぐことができた。

普段はピアニスト同士がトラを頼み合っていたようだが、どうしても手配できないとき私に連絡してきた。つまり、どうしても休みたいピアニストからすれば、私のピアノの腕前など知ったこっちゃない、穴さえ埋められれば、という思いだったのでしょう。私は私で、この調子でどこかの店でレギュラーになれたらラッキー！　なんてちゃっかり考えていたのでした。

大事な場面で大失敗

そんなある日、3週間、日本へ里帰りするピアニストからトラの依頼がきた。3週間ものトラの仕事が舞い込んできた私は、夢が叶ったかのように大喜びで、おめかしして意気揚々と出かけていった。

お客さんからは、珍しく日本人の若い女の子がピアノを弾いてるぞ、ということで席に呼ばれて飲み物をご馳走になるなど、初日のスタートはまずまずといったところ。

夜もふけてきた午前0時ごろ、お酒で良い気分になったママさんが1曲歌うと言う。ママさんは元歌手だったらしく、歌う前からお客さんから拍手が沸き起こっている。ママはお得意のシャンソンのナンバーを「このキーで」と指定してきた。

「えっ?　その場でキーチェンジ!?」内心戸惑いました。

正直にできないとか、ちょっと時間をもらってコードを書き込ませてもらえるか、尋ねればよかったものを、ちょうど初見でキーチェンジする訓練を音楽学校でしている最中だったこともあり、無謀にもチャレンジしてしまったわけです。ああ、ブレイヴ・ガール、運のツキ!

ボロボロの伴奏でうまく歌えず恥をかかされたと、ママは鬼の形相で大激怒!

「あんたなんか、ホステスやってコーラでも飲んでりゃいいのよ!」

ママもよく見ていたもので、私がお客さんからご馳走してもらった飲み物はまさにコーラ。お金にならないソフトドリンクを頼んだのもママのお気に召さなかったご様子でした。

ラッキーに舞い込んできた3週間のトラは、この場でジ・エンド。

クビになった私はお客で賑わう店を背に、とぼとぼとオンボロ愛車へと歩き出したのであります。

でもなぜかそのとき、次のように思った。

「ロサンゼルス中のクラブを片っぱしからクビになってやれ。一巡するころにはどうにかなってるっしょ！」

これほどのプラス思考が、どこから湧いてきたものか、自分でもその無反省ぶりに笑ってしまいました。


無反省なほどポジティヴ思考でいてください。

幸運を手放さないためです。

でも、こっそり。

It's Your Life

落雷のような衝撃を受けた憧れのエリアに住む、という夢は叶った。また、当時日本のバブル景気がアメリカの日系社会にも影響し、新しいクラブが続々オープンしていたので、弾き語りの仕事も少しずつ増えていった。

けれども、「自分は何がしたいのか」「したいことを追いかけてうまくいくのだろうか」「親は自分に何を望んでいるのか」など、心のなかで悶々と悩みはじめた。24歳ごろだった。

悩みつつも、ミュージシャンになることを目指して歩みはじめていた当時の私は、表面的には、悩みとは無縁で明るく楽しく見えていたと思う。けれども、誰のなかにも、精神的な地下水路が流れており、絶えず人生や生き方について考えているものではないでしょうか。

当時の日本では、女性は23歳くらいまでには結婚する、というのが一般的で、私もなんとなくそう思っていた。アメリカへ行ったきり帰ってこない私に、母は「いつ帰ってくるの？」「どうするつもりなの？」と再三言ってくるので、心のどこかで焦りや不安を覚えていた。

「でも、今はまだ、帰れない……。何になるという確証はないけれど」

ジョイスのひと言

そんなある日、ピアノの個人レッスンのあと、先生から近況を聞かれた。

先生は年配の白人女性で、ジョイス・コーリンズというジャズ・ピアニスト。レコードも出していて、ハリウッドを拠点にライブ活動しながら音楽学校で講師をしていた。

私が、ビザの問題や日本人の結婚観、両親の私への望みや期待について話し、「親を説得しているが、そろそろ帰って結婚することを考えたほうがいいかもしれない……」と、話すとジョイスは温かいまなざしで熱心に聞いてくれた。そして、ジョイスも年老いた母親を一人田舎に残してきていると話してくれた。

ジョイスはグランドピアノに並んで座る私の目を、身をかがめて覗き込むようにして言った。力を込めて、一語一語ゆっくりと、正確な発音で、こう言ったのです。

「But Lyzz, It's your life！」

でもね、リズ、あなたの、人生なのよ――

その瞬間、目の前が開けた。

環境がこうだから無理、どうせわかってもらえないから無理、などと、自分で限界を取りつけ人生を手放してはいけない。自分で決めていいんだ。いや、自分で決めなくてははじまらないのだ！

この後、私は意を決して両親にあてて手紙を書き送りました。「心配してくれていることはよくわかっているけれども、最終的にはお父さんお母さんも、私が納得して幸せでいることを喜んでくれると信じたい。だから今、先のことは見えないし、約束もできないけれども、自分がしたいことをさせてほしい」そんな内容でした。母は私の気持ちを理解してくれ、その後は、「いつまでいるの」という圧力はなくなりました。
ジョイスのこのひと言がなければ、30代半ばまでアメリカに住み続けることはなかったでしょう。ジョイスに対し「でも、日本はどうだ」とか「だけどウチの親はどうだ」と答えていたら、あの言葉は私の人生を変える大きなひと言にはなっていなかったのではないだろうか。抵抗せず聞き入れる素直さは、ミス・フミコが育ててくれたのかもしれなかった。

心を開いて受け取ってください、
運命の言葉を逃さないためです。
神様はあなたの近くでいつもエールを送っています。

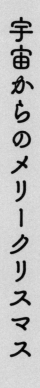

宇宙からのメリークリスマス

クビ事件のあともバイトと学校を往復する生活を黙々と続けていた。自分は孤独なんだと、認めてはいたけれど、ホームシックになるでも自己憐憫するでもなく、帰国する気なども毛頭なかった。ただ時々、寂しくなると太平洋に傾く太陽を見ては、「今、この太陽が日本からも見えてるんだから、たいした距離じゃない！」と自分に言い聞かせ元気づけていた。

そのころ、私は坂の下にある酒屋で、時々ワインやスナック菓子を調達しては、夜のひととき、リラックスタイムを楽しんでいた。お店のお兄さんとも顔なじみで、私が店に入ると、ヒゲもじゃの顎を少し上げて挨拶し、私がお願いするいつものイタリアン・ワインを、鍵をじゃらじゃら鳴らしながら取りに行ってくれる。そんなふうにして3、4日に一度、12ドルでおつりがくる程度のワインとスナックが入った茶袋を両手に抱えては、ルームメイトの寝静まった、クモ君の待つアパートへの坂道を登っていくのが習慣だった。

クリスマスの出来事

それはちょうどクリスマスの晩のこと。

バイトを終え帰宅してから、いつものように坂の下のリカー・ショップへ行くと、めずらしいことに入口のレジカウンターに人がいた。缶ビール片手に泥酔した労働者かホームレスのような見かけの男性だ。カウンターによろよろと寄りかかっているその酔っ払いは、私に挨拶をしてきた。

ひるんだ私がお兄さんを見ると、お兄さんはいつものように顎を上げて挨拶してくれた。安心した私は、その人に軽く挨拶し、買い物をはじめた。お兄さんもいつもとまったく変わらず、ジーンズの腰にぶらさげた鍵をじゃらつかせながら、いつものワインを取りに行く。

ところがお会計をしようとすると、困ったことに、酔っ払いが言い出した。

「オレがおごってやる」と。

「ノー、ノー、ノーサンキュー」

それだけは結構。ここで一緒に飲もうなどと言われちゃ、かないません。

なのに、酔っ払いはジーンズの前ポケットに手を突っ込み、シワくちゃのお札と小銭を取り出し、「ほれ」なんてカウンターの上にばら撒いている。

「こりゃ参ったな」

逃れたい私と、おごりたい酔っ払いは、

「いいからおごらせろ」「いや、お気持ちだけ」と、しばし押し問答。

困り果てた私がお兄さんに目をやると、〝いいんじゃない〟と肩をすくめてみせる。

半ばあきらめもあり「ま、いいか」とおごってもらうことにした。


私は、その場から離れたい一心で、何度も御礼を言いつつ足早に店を出ようとした。心はすでに坂道を一目散に駆け上がっていた。と、そのとき背後で私を引き止める声が。振り向くと、彼はヨレヨレした上半身と座った目つきで私を指さし、ろれつの回らない口調で言うのです。

「なぁお前、オレに礼なんかするなって。しなくっていいんだよぉ、な。

だからな、その代わり頼みがある！

お前が人からしてもらって嬉しかったことを、この次、別の誰かにしてやってくれ。いいか、わかったな。

メリークリスマス！」


私は度肝を抜かれた。

人を見かけで判断しようとしていた自分を恥じると共に、こんなにハートフルなメッセージをくれた彼に感動。アメリカってすごい、とも思った。

茶袋を両手で抱え、アパートまでの坂をゆっくり登りながら、夜空を見上げた。

広大な宇宙に包まれている、温かな一体感を感じ、深呼吸した。

「やっぱり神様はいるんだ、神様かどうかはわからないけれども、果てしない何か。大きな宇宙が確かに私たちをいつも守ってくださっている。導いてくださっているんだ！」

1983年23歳。一人ぼっちのクリスマス。でも、宇宙から、とっても粋なプレゼントをもらった私は、最高の気分でした。


あなたがしてもらって嬉しかったことを誰かにしてあげてください。

第2章

人には無限の可能性がある

モグリの限界とグリーンカード

不法滞在者のことを日本人のあいだでは「モグリ」と呼んでいた。

1984年、私が24歳のころ、モグリの日本人にとって、そして多くの日本食レストラン経営者にとって危機的な出来事が起きた。

それは、モグリの日本人がその場で連行され、強制送還されるという一斉摘発だ。それによって、リトルトーキョーと呼ばれる日本人街のレストラン全店休業という異常事態となったのだ。

噂によるとその場で、ゾロゾロと専用バスに乗せられ飛行場近くの一時収容所に連れて行かれ、すぐに日本へ強制送還される、ということだった。発端はチクリだという。ある店でクビになった人がその腹いせに、不法滞在者が働いていることをイミグレーション（移民局）に通報したのがそのキッカケだったらしい。

そのころ「あの人見かけないね」「強制送還されたらしいよ」という話題も度々で、知り合いが消えていく寂しさと、明日は我が身という不安を抱いて生活していた。

私が働いていたのは日本人街からは車で20分ほどのビバリーヒルズだったが、私のほか、アルバイトの韓国人、タイ人、メキシコ人、コロンビア人など皆モグリだった。なので、店側も不測の事態に備え「もしイミグレーションが入ってきたら」というプリントをロッカールームに貼り出していたほどだ。プリントには、「何も答えてはいけません。弁護士が来ますから、と言ってください」のようなことが書かれていた。そんな張り詰めた緊張感のなか生活していたので、私は、滞在も仕事もできる「永住権」（グリーンカード）さえあれば、と思うようになっていた。

永住権のために偽装結婚

ある日、音楽学校の友人と話をしていたとき、私は、「そういうわけで日本に帰らなくてはならないかも」と話した。すると「そのグリーンカードって、どうやったら取れるの？」という話になり「アメリカ人と結婚すれば、最短3ヶ月で取れる書類結婚という手もある」という話をした。取れたら3ヶ月後に籍を抜くことができるため、実際、それをお金で売っているアメリカ人も随分いた。そういう時代だったのだ。

私が住むアパートは学生寮ではなかったものの学校の友達が多く住んでいた。そのなかの一人が「じゃあ僕がその書類結婚してあげる。住所も同じだし」と申し出てくれた。彼とは一緒に歌やピアノの練習をしたり、同じ掃除当番のグループだったりして仲が良かった。喉から手が出るほどグリーンカードが欲しかった私は、罪悪感は大いにあったが日本の親には内緒でしてしまおう、とお願いすることにした。


ところが、手続きが思った以上に長引いてしまい、そのうちに彼は前の彼女と寄りが戻るとか戻らないとかで、しかも、その彼女とのあいだに10代のころにできた娘がいるからと田舎に帰ってしまったのだ。通常、グリーンカードの面接へは配偶者と二人で行くものだが、一緒に行くはずのハズバンドがいなくなっちゃった。面接日時の通知がきたが、彼からはまったくの音信不通で連絡の取りようがない。

私も私で、そのころ日本人のボーイフレンドと住んでいた。音信不通では、面接にさえ行けない……手に入りかけた夢が危うく消えそうになった。けれども、調べてみたところ、やむを得ない事情がある場合、国外のアメリカ大使館で面接するなら配偶者を同伴せずともよいという法律があることがわかった。「彼は今、客船のバンドマンとして数ヶ月、船上にいるため面接に同行することができない」ということにして私はカナダでの面接を申請し、バンクーバーへ飛んだ。

面接はとてもうまくいった。最後に「これをエアポートで渡してください」と書類を受け取り面接は終了し、晴れてグリーンカードを取得することができたのだ。あきらめずに調べて、動いて、よかった！　ばんざーーい！

面接へはワンピースにブレザーというきちんとした服装で臨んだが、あとは飛行機で帰るだけ。私はジーンズとダウンジャケットに着替えて、バンクーバー国際空港へ向かった。

ときには良識を犯し無謀な選択をしてください。目の前のチャンスを逃さないためです。

天国から地獄へ

これで好きなだけアメリカに住める!!　仕事もできる!!　やったやったやったやったーーーー!!　嬉しくて嬉しくて、天にも舞い上がらん気分だった。ロサンゼルス行きの搭乗券片手に、意気揚々と大手を振って飛行場のゲートを通り抜けた。実際私の体は数センチ宙に浮いていたのではないかしら。

国際線のゲートに入ると入国審査のイミグレーションがあった。

実は、最後に渡すようにと持たされた書類は、このイミグレーションで最終的なハンコをもらい、そこで初めてグリーンカードが降りる、ということだったのだが、私は、それを知らなかった。つまりグリーンカードはもう取れたものと思い込んでいたのだ。

入国審査官の大柄な男性オフィサーから呼び止められた。地に足の着いていない私の様子が異様に目立っていたのだろう。

水色のYシャツに大きなバッヂをつけたオフィサーは私に「なぜバンクーバーで面接した？　ダンナはどこにいる？」と矢継ぎ早に問いただした。そして「ちょっと貸せ」と私のバッグをひったくり、乱暴になかをさぐったかと思うと、私のアドレス帳を取り出した。携帯電話がなかった当時、誰でも手書きのアドレス手帳を持ち歩いていた。オフィサーは、パラパラとアドレス帳をめくり結婚相手の苗字を探しあて、電話のダイアルを回している。

電話口に出たのは、彼の母親だった。オフィサーは母親に「お前さんの息子は、日本人のこれこれという女性と結婚したのを知ってるか？」と聞いている。母親の答えは、もちろん「知りません」。

オフィサーは、電話を切るや否や、血相を変えて飛んできて大声で怒鳴った。

「お前はfake marriageだ！　偽造結婚しただろう！　今すぐ出て行け！　アメリカには入国させない！」

通行人にジロジロみられながら、私はワナワナ震えていた。そして、そのままバンクーバー国際空港に放り出されてしまったのだ。

舞い降りた救いの手

人々の行き交うバンクーバー国際空港にポツンと取り残されてしまった私。強制送還とは違い、アメリカへ入国拒否された形でゲートの外に投げ出されてしまったのだ。とりあえず落ち着かなければ、と空港のなかのカフェテリアに入った。ガラス張りの窓からはゆっくりと動く大きな機体や次々と離着陸する旅客機が見えていた。ガラス窓を背に、意気消沈。天国から地獄とはまさにこのことだ。私は完全に落ち込んでいた。だんだん日が暮れていく。夕焼け空に飛行場。誰もがウキウキするような美しい景色が、こんなにも残酷に見えたのは後にも先にもこのときだけだ。

「どうしよう、どうしよう、どうしよう。日本に帰るにもお金がない。ロサンゼルスの家具や車はどうなっちゃうんだろう」。あれこれ、ぐるぐる、次々と思い巡らせているうちに、とうとう私はテーブルに顔をうずめて泣き出してしまった。バッグを抱えて一人シクシク泣いていた。

どれほどの時間、そうしていたのだろう。

一人の白人の女性が、すーっと近づいてきた。

背後を指差しながら「あなた、あそこに行くといいかもしれないわ」と言った。

カフェテリアをあとにし、言われた通り探してみると、レンタカーのカウンター、リムジンバスの予約カウンター、そのほか旅行保険、ホットドッグなど、それぞれ看板を背にカウンターが並んでいる。そのひとつに「CHAPEL」という看板が目に入った。彼女は、私に教会へ行くよう勧めてくれたのだ。

カウンターには誰もいなかったが、「ご自由にお入りください」とあったので、入ってみた。すると、ちょうど帰り支度をしている初老の神父さんがいらした。力なく事情を説明する私に「じゃあ、一緒に来なさい。今日はもう帰るところなので、僕の家に泊めてあげますから」と言った。車に乗りこみ、神父さんの家へ向かった。

その夜、薪の炎がパチパチ音を立てている古めかしい暖炉の前に腰掛け、神父さんと二人でお話しをした。

私がどんなふうに憧れてアメリカに渡ったか、その後どうやって生活してきたか、今はどうしてもまだアメリカで頑張りたいと思っていること、そのためにはどうしてもグリーンカードが必要であること。それで私は友達に偽造結婚してもらったこと。それらを泣きついたり懇願したりせず、正直に告白した。神父さんは、結論めいたことを言うでもなく、ただ頷いて私の話を聞いてくれた。そして、私のために祈ってくださった。

「神のみ旨《むね》にかなう最善へと導かれますように」と。

その晩は、神父さんのお宅の客間のベッドでしばらく寝つけなかったけれど、感謝の祈りを捧げて眠りについた。

翌朝、神父さんから「連れて行くところがあるので、車に乗ってください」と言われ、私は車に乗った。

神父さんは、行き先を言わず、運転していた。「どこへ連れて行かれるんだろう」。ドキドキしながら、助手席で朝もやに煙るバークーバー郊外の並木道を眺めていた。

着いたところは空港だった。

神父さんに付き添われて、昨日、怒鳴られたゲートまで行った。神父さんはゲート近くにいたイミグレーションの人となにやら話している。

神父さんから手招きされたので近づいてみると、なんと、そのままゲートを通され、朝のロサンゼルス便に搭乗することができたのだ。

今思えば、このときも神の力が働いたのだと思います。
カフェテリアであの女性が声をかけてくれなかったら、どうなっていたのだろう……。神の導き、神のとりなしに感謝せずにはいられなかった。

なすすべのないとき、ジタバタしないでください。
救いの手が差し伸べられるのは、これからだからです。
静かな心に神の力は通るからです。

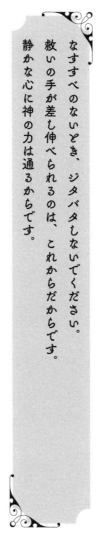

人はみな無限の可能性

神父さんのはからいのおかげで、奇跡的にロサンゼルスに戻ることができた。が、グリーンカードが取れたわけではない。さあ、そこからが大変だ。しばらくすると、イミグレーションから呼び出しの手紙が届いた。

お金はなかったが、弁護士に相談してみた。経緯を聞いた弁護士は、そこまでのケースとなると、とても厳しい「シビアなケースだ」と何度も繰り返した。

一応、費用について確認してみると、最高4000ドル支払っても、取れる保証はないとのことだった。4000ドルといえば、私が1年かけて貯めた額。そんな大金、支払うことは到底できなかった（当時1ドル約250円）。

それなのに、なぜか私は頭金として800ドル支払ってしまった。先のことなど考えていなかった。そして、弁護士を伴い、1回目の面接に出向いた。

面接室に入る前に、弁護士は言った。「もし途中で答えに詰まって、僕に相談したくなったら、オフィサーに、〝弁護士と外で話したい〟と、そう伝えてください。そうしたら、僕たち一旦、廊下に出て話すことができますので」と。いよいよ緊張が高まってきた。

書類だけがのる程度の小さな机の向こうに、白人の男性オフィサーが座っていた。恐る恐る席に着いた私だったが、オフィサーは穏やかな口調の人だった。私からの説明を聞いたあと「なにしろ旦那さんと連絡が取れないことには判断しようがないので、僕が旦那さんと話したら、また呼び出しますから、そうしたら来てください」とのことで、面接時間はせいぜい5分。私は肩透かしを喰らったような気分だった。

深く考えることなく、まるで動かされるように頭金800ドルを納めてしまった私だったが、急にその後の支払いのことが気になりだしてしまった。取れるとわかっているなら借金してでもどうにかするけど、ダメだとわかっているなら無駄なことはしたくない。果たして、取れるのか取れないのか、私はそれがモーレッツに知りたくなった。

宜保愛子さんの予言

宜保愛子という霊能力者がいました。

1990年代日本に霊能ブームを巻き起こした世紀の霊能力者だ。その宜保愛子さんは、私が生まれ育った家のご近所さんで、私の実家から数えて10軒ほど並びにお宅があった。町内会、子供会なども同じ「ご近所のおばさん」だったのだ。

宜保さんはテレビで特集が組まれるほどの人気者になっていたが、もちろん、そのずっと前から、私の母も近所の人たちもみな、宜保さんにはお世話になっていた。商店街での立ち話しのときなどにいろいろなことを言い当てるのだ。

例えば「あらちょっと○○さん、お宅のお坊ちゃん今日心配な事あるわ」と宜保さん。「そう？　うちの子元気に学校行ったけど」「だったら今日は気をつけていて」と宜保さん。立ち話を終えて、その人が家に帰ると学校から電話が。「息子さんが鉄棒から落ちて骨折しました。すぐ迎えに来てください」。こんな会話は日常茶飯事だったようだ。

我が家でも、ある時期、母が宜保さんに会うたびに、宜保さんが兄のことを案ずる。

第2章
人には無限の可能性がある

「下のお兄ちゃん元気？」「下のお兄ちゃん、風邪なんかひいてない？」という調子。会うたびに聞かれる母は、「いやだわ、宜保さん、何かあるの？」。

するると宜保さんは「なんだかね、下のお兄ちゃんの家に、コケシじゃないんだけど、長くて、こう黒くてね。コケシみたいだけどコケシじゃない。そんなものがあるはずなんだけど」。

どうやら、その「コケシのような黒いモノ」に悪い念が入っていてその生き霊のようなものが、悪さをしそうだから気をつけて、ということらしい。母がすぐに兄に確認すると兄はあっさり、「あるよ。このあいだ、北海道に行ったとき買ってきた、黒檀でできたアイヌの木彫のことだろ。ちょうどコケシのような縦長の置物だよ。それがどうかしたの？」。

母が、宜保さんの言葉を伝えると、「えぇ!? そうなの？ あれ、手作り工芸品で、網走刑務所の受刑者の手作りコーナーで買ったんだよ！」と言うではありませんか。まだ改心していない受刑者が、恨みつらみなどネガティブな念を込めて作っていたのだろう。もちろん、その浄化法も宜保さんは教えてくれた。

私のことではこんなことがあった。まだ私が日本にいた19歳のころ、知り合ってすぐに燃え上がった彼氏と結婚する、と言い出した。私の両親はその彼のことをあまりよく思っていなかったようで、私の陰で母は宜保さんに相談していたのだ。すると「この人（私のこと）は、反対すればするほど燃え上がる天邪鬼だから反対せずに、ただ、22歳になったらね、とだけ言っておいて。この人、21歳に転機があるから」と言ったらしい。

そして、私がアメリカに発ったのが、21歳の8月だった。

ほかにも、個人情報上、公表できないエピソードはたくさんある。ともかく、私のグリーンカードは取れるのか、それとも取れないのかどうしても知りたくなった。取れるならどうにかしてお金を作って返していけばいい。でも取れないのならば、そんなお金をかけたところで無駄になる……。

そこで私は横浜の宜保さんに聞いてみようと思いつき、電話をかけた。

「あら、しばらく。日本に帰ってきてるの？」

「いえ、アメリカからなんです。聞きたいことがあるんですけど、電話でもいいですか？」

そう言っただけだった。が、即座に宜保さんは答えた。

「あなた今、パーマネント・レジデンシャル・ヴィザが欲しくて、欲しくて、欲しくて、仕方がないのね」

パーマネント・レジデンシャル・ヴィザとは、グリーンカード（永住権）の法的な名称のこと。書類にはそう書かれているが、弁護士や移民局のオフィサーとの会話でさえめったに使わない正式名称なのだ。その呼び方でズバリ言い当てた。

驚きを抑えて「はい」と応える私。

すると、宜保さんは続けた。

「その黒人はね、犯罪歴があるわよ」

なんと、相手が黒人であることもズバリ言い当てたのだ！

でも犯罪歴はないだろう……と、思った瞬間ふと思い出したことがあった。以前、その彼が別の友人に「10代のころ、車の窃盗の濡れ衣を着せられて留置所に入ったことがある」と話しているのを小耳に挟んだのだ。なので私は、宜保さんの言いぶんを否定せず、「そうかもしれません」とだけ答えた。すると、宜保さんは言った。

「それ、うまくいかないわよ。だから帰ってらっしゃい。強制送還になると5年も10年も入国できなくなるのだから」

開口一番、相談内容や相手のことを言い当てられたうえ、うまくいかない、と断言されてしまった……。

がっくりきた私は、お礼を告げ、肩を落として電話を切った。

乗り換え可能な「運命のホーム」

左手で受話器を置いたその瞬間だった。

「ビビビビビーーーーっ!!」

その左腕から電撃が逆流し、私の左側の脳でスパークした。

そしてなぜだか、私の左の脳のなかで、力強く、ハッキリこう言い切った。

「取ってみせる!」

それからは、なにしろオフィサーより先に彼を捕まえなければ、と必死に彼を探した。この最悪な事態について、彼はまったく知らないのだから、オフィサーが彼を捕まえるより先に、なんとしても事情を説明する必要があった。その結果、どうにか連絡が取れた。

「移民局から電話行った?」

「いや、来てないけど」

ひとまずセーフ。

彼に一部始終を話すと、彼も責任を感じていたようで、話は合わせる、と約束してくれた。

数週間後、移民局から呼び出しがあった。一度目同様、弁護士を伴って出向くと、同じ白人のオフィサーは小さな机に座っている。どうぞ、と促され、弁護士と私が席に着くと、オフィサーは待っていたかのように、私にペンを向けながら、わずかな微笑みを浮かべ「Congraturation（おめでとう）」と言い、私の顔写真が貼り付けられたカードを差し出し、サインするよう促した。

「え?」心のなかで目玉が飛び出した。ん? どういうこと?

グリーンカードが取れたのだ、と理解できるまで少し間が空いた。

弁護士は、ポカンとしている私の様子をオフィサーに悟られてはまずいと思ったのか、それとも面接官の気が変わってしまってはマズイと思ったのか、私に軽く肘で合図し、顎で示した。「ほれ、早くしろ、サイン」と。

私は、震えそうになる手を誤魔化しながらサインした。

廊下に出た弁護士と私は、この不思議な出来事に驚き喜びあった。彼はしきりに首をかしげて「信じられない、奇跡としか言いようがない」と繰り返した。

そして、彼は「自分は2回面接に付き添っただけだから」と頭金800ドルのうち500ドルを返金してくれた。

渡されたペンでしたサインこそ、バンクーバーの空港移民局で、最終書類にするはずだったものであることは言うまでもない。

私がなればいい

帰宅し着替えを終えた私はクローゼットの前でカーペットの上にヘタリと座り込んでいた。そして宜保さんのことを考えていた。

「これって、普通だったら『宜保さん当たらなかったじゃん』って話よね……」けれども、子どものころからあまりにもたくさんの不思議な力を目の当たりにしてきた私には、ただ「当たらなかった」で済ませることが、どうしてもできなかった。

そこで考えた。

あの日、電話で宜保さんと話をしたとき、私は「弱気のホーム」に乗っていた。だから、宜保さんは、弱気のホームで電車を待っている私を観て、そこへ来る電車の行き先を言い当てたんだ。

でも、受話器を置いた直後「取ってみせる!」と断言した私は、その瞬間に「強気のホーム」に乗り換えたんだ。

そう、「ぜったい取ってみせる!」と決めた瞬間に、私の立っているホームは変わった。だから当然、行き先の違う別の電車が来た。そうか、未来へ続く「時間のレール」は、そうやって自在に方角を変えられるってことなんだ。

そう解釈したら、おおいに納得できた。

でも、待てよ……。続いて私の脳裏に浮かんだのは、芸能人やプロスポーツ選手など数々の有名人。相当数の有名人が、宜保さんのところへ相談にやってきていることを知っていた私は思った。

「かの宜保さんから、『うまくいかないから、やめておきなさい』と言われて、あきらめてしまった人がこの世に何人いるのだろう。どうして宜保さんは『あなた今、弱気のホームに乗っているわ。それではうまくいくはずないのよ。どうしてもやりたいなら絶対にやってみせる！　そう思ってごらんなさい。人生はそうやって変えられるものなのよ』と、教えてあげなかったのだろう」と。

しかし、さらに、次の瞬間、私は悟った。

「いや。宜保さんは宜保さんの、お仕事をしたまでだ」

そして私は決意した。

「だったら、それをする人に、私がなればいい」

グリーンカードを取った25歳の夏だった。

先など見えなくてよい。
迷わず進んでください。
冒険の向こうに、ほんとうの人生が
あなたを待っているからです。

第3章

悩みの向こうに魂がある

矢沢永ちゃんの名カウンセラー

グリーンカードを手に入れたその年、離婚書類も受理され、私のグリーンカード騒動は幕を閉じた。バブル景気で仕事も順調、いつしか私はロサンゼルスの日系クラブでちょっとした売れっ子の弾き語りになり、多いときは週7晩仕事をし、ひと月4000ドル稼いだ月さえあった。4000ドルと言えば、当時は1ドル250円で100万円。ちょうど私が渡米のため1年かけて貯めた額だ。

オーナーがヘビメタファンだったクラブマーキーには、X-JAPANのToshiも時々顔を出してくれた。グランドピアノの前に並んで腰掛け、よく「酒と泪と男と女」をハモりました。

トーランスのバンブーハウスというクラブでは、レコーディングでロサンゼルスに滞在していた矢沢永吉さんも時々遊びにきていた。ほろ酔い気分になると必ずと言っていいほど歌う「フィーリング」の伴奏をしながらコーラスもさせてもらった思い出がある。

矢沢永吉さんといえば、1時間ほど話しこんだことがあるのだが、そのなかで、私がカウンセラーになるのを暗示したような、忘れられないことを言われた。

いろいろお喋りしていると、彼は、「レコーディングが終わると、周りのみんながよいアルバムができたって喜んでるわけよ、だけどオレはもう次のアルバムのことで頭がいっぱいだ」と言った。彼は「いかに今回のアルバムとは違う楽曲を作ろうかって、そのことで頭がいっぱいなんだ」と話してくれた。私はすかさず、

「永ちゃん、違うよ、それは。アルバムごとに違うものなんていらなくってさ、永ちゃんは、ずっとアイ・ラブ・ユー・OKで、いいんだってば。イントロ聞いて、歌い出し聞いたらもう、矢沢永吉だってわかる。それがいいんじゃん」

ずいぶん生意気なことを言ったものだが、それを聞いた永ちゃんは、

「お前、いいこと言うなぁ。オレは今、目から鱗が落ちたぜ」

その数ヶ月後、男性雑誌のインタビュー記事を見つけて驚いた。私の言ったことをまったくそのまま「ファンの女の子から言われて目から鱗が落ちた」と語っていたのだ。

自分への違和感

さて、そのころから、心のなかで「自分への違和感」について悩むようになり、そこから私はドロドロの苦痛を味わいながら、自分自身を掘り下げる魂の旅をはじめることになる。

その発端は、渡米から1年半後、初めて日本へ帰ったときのこと。高校時代からの親友と楽しくお喋りするはずが、なぜだか関心も価値観もまるで噛み合わず、心が空になり、言葉が出てこなくなってしまったのだ。その場はなんとか誤魔化して、そのままロサンゼルスに戻ったが、それ以降、似たような感覚に度々襲われるようになった。

言葉で表現するのは難しいが、現実と心のチグハグ感。「奥にいる自分」と、「外を経験している自分」の不一致感。「肉体の個性」と「魂の個性」のかけ離れた両者が私の体を引き裂いている。そんな感覚……。その違和感の心地の悪さに耐えきれなくなってしまったのだ。

表面的な日々の生活は回っていたし、私は元気で明るく楽しそうにしていた。実際楽しかった。彼氏もいた。けれど、一人になると内側のスイッチが入り、ドーンと深いところを彷徨《さまよ》う。

「私は一体誰なんだ」。悩ましい世界だった。

当時は、まだ「自分探し」などという言葉もなかったので、「本当の自分の生き方について悩んでる」などと誰かに相談したところで「だいじょうぶ？ ヘンな宗教にでも入ったの？」と怪訝そうに言われるのが関の山。そういう時代だった。だから、誰かに相談することもなく、むしろ気を紛らわさんばかりに外では特段明るく振る舞っていたように思う。けれども、またそんな「嘘つきな自分」について自責し、さらに苦しんだ。

「ほんとうの自分がいるはずなのに、私ったら外で一体なにやってるんだ！」

そんな苛立ちもあった。

一人で過ごす時間は、ベッドの上で心理学や宗教、哲学の本を読んではウトウトしたり、感情のまま涙したりして過ごした。心理学者加藤諦三氏の本には、「人目が気になる原因」だとか「いつも他人に合わせて自分がない人の傾向」など、自分に当てはまることばかり書かれていて大いに共感した。が、最後のページを閉じると「で、どうしたらよいの?」。方法が書かれていないことに釈然としない気持ちになったものだ。

遠い日の記憶

私の悩みは、心理学的には自己を確立する青年期に多くみられる「自己同一性の問題」とされるものだが、私にはもっと深いスピリチュアルなレベルで思い当たることが、いくつかあった。

そのひとつは、10歳くらいから一人密かに悩んでいた、あることだ。

それは、「人はなぜ生きるの?」という人生への問いだった。大人に聞いても答えられないとわかっている自分がいたので、一度も口にしたことがなかった。

ところが、意外な形でそれへの答えがもたらされた。

私は、幼稚園からキリスト教の学校に通っていたので毎朝礼拝があった。

薄暗いチャペルは天井が高く両脇の白壁には色鮮やかな大きなステンドグラスが嵌め込まれていた。パイプオルガンの荘厳な響き、讃美歌の歌声、祈りのひととき。安らぎと落ち着きとをもたらしてくれる礼拝の空間が、私は好きだった。

中学校に上がって間もないころ、その日もいつものようにチャペルで礼拝していると、突然、どこからともなく低く太い艶やかな男性の声が鳴り響いた。

「人は……」

驚いた私は耳を疑い「えっ?」と、思わずあたりを見回してしまった。けれども周りに見えるのは並んで座っているクラスメイトの姿だけ。その声はゆっくり続けた。

「(人は……)幸せになるために、生まれてきた」

静かな感動が、じんわり胸に広がり、ふわっと心が晴れた気がした。

人は、幸せになるために生まれてきた。

私はこの出来事についても、誰にも打ち明けることはなかった。

その直後、小学3年生から6年生まで4年間私を苦しめた「イジメ」にも、意外な形であっけなく終止符が打たれ、楽しい中学校生活を送ることができた。

もうひとつは、やはり小学生のころ。

将来の夢を書く作文に、当時、人気だった探偵ドラマに憧れていた私は「キイハンター」になりたい、と書いたのだが、胸の奥で心の声が「いいえ、大人になったら神様のことをするのを知っています」と、そう確信している意識があるのを、はっきり感じていたという記憶だ。

このことも口にしたことがなかったが、口にしなかったことが、かえって内外の不一致感の溝を深めてしまったのかも知れない。けれども、私のなかで、なぜだか子どもらしからぬことを言うものではない、という気持ちがあったように思う。いずれにしても、「神童」と呼ばれるような子だったならまだしも、作文にキイハンターなんて書くような、お転婆な子だったのだから、自己不一致感に悩みながら人生を切り開くことが今世でのテーマだったのだろうと、今ではそう思うのです。

祈りと信仰についても、印象的なことがある。

私は小学校5年生と6年生のとき、走り高跳びで、大会新記録を取ったのだが、自己ベストを遥かに上回るその記録は、祈りによって起きた奇跡だと確信していた。

走り高跳びは、他の選手が全員脱落すると、跳ぶのは私だけになる。バーを上げる係の先生は、「まだ時間はたっぷりあるから、じゅうぶん休んで、君がよいと思ったとき跳んだらいいからね」と言ってくれた。

私は、バーをクリアして次の高さにチャレンジするとき、毎回、スタート地点に体育座りをし、両膝におでこをくっつけ両手を組み、懸命に祈った。

まず、今こうして祈ることができることに感謝。日々与えられているいろいろな事柄に感謝。不足ない生活のなかでも生まれてしまう悪い思いや態度が赦されますようにと謝罪。人からされた嫌なことすべても許し、その人たちの幸せをもお祈りします、と。それから、自分が神様の導きに背いて間違った考えや行動を起こしそうになるときには、どうか厳しく戒め導いてください、と。さらに、この世のすべての人たち、飢えや病に苦しむ人々について祈り、世界の平和を祈る。ようやく最後に、もしもお願いしても良いのであれば、として、「次の○○センチをうまく跳ばせてください」と、こんなふうに祈ります。締めの文言を唱えて、「アーメン」と言って、よし、と目を開け、立ち上がり、次の高さのバーへと走り出す。これを繰り返して飛んだ記録だった。

それなのに、後々20年近く破られなかったその大記録について、コーチの先生はニコニコしながら私に「山崎さんは、あのときギャラリーが見ていたから跳べたんだよな」と言ったのだ。そのとき、私は少し呆れてしまって「なんて信仰の薄いことなのでしょう」と思ったのです。でも、そんなこと口にできるはずがありません。

こうした子ども時代の、不可解だけれども否定しようのない、内的体験についての記憶がよみがえり、その正体が気になるようになっていました。

相変わらず外では毎晩、ナイトクラブのキラキラした世界でおもしろおかしく暮らしていた。幸いにも十分な収入があり、仕事時間も夜9時から深夜2時までの5時間と自由な時間もあったので、悩みへの投資はたっぷりできた。ヨガや瞑想をはじめたのもこのころだった。体と心と気とがひとつに統一されるような感覚、宇宙との完全なる調和と一体感を得られる感覚が大好きになり、すぐに虜になりました。

自分への違和感は魂の目覚め。
安心して迎え入れてください。

前世がわかれば魂の使命がわかる

心の闇とは裏腹に、生活は益々派手になっていた。

300ドルのオンボロ車は、5台目にして27000ドルのスポーツカーに、住まいは、ロサンゼルスの摩天楼が見渡せるアーティストロフト。赤レンガ倉庫を改築したその部屋は天井高5メートル、広さ100平米もある、まるで映画のセットのようにカッコいいところだった。

ピアノの弾き語りを仕事にしながらミュージシャンになる夢をもって、ダンスレッスンやオーディションに行ったり、楽曲作りをしたりして生活していた。

それでも、相変わらず、自分という体を引っぱり合う二つの感覚に、「自分がこのまま引き裂かれてしまうのではないか」という恐怖に陥ることさえあった。

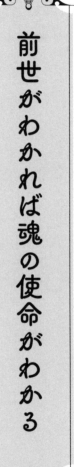

ところで、幼稚園からキリスト教の学校へ通っていた私は、自分のなかの神様とキリスト教の神様とが一致したと感じた15歳のとき、洗礼を受けクリスチャンになった。しかし、このころ「宗教」に疑問をもちはじめた私は、インドをはじめ世界中を旅していたみどりちゃんという友達から『宇宙哲学』(ジョージ・アダムスキー著)をプレゼントされたのを機に、彼女と「神」という概念を超えた「潜在能力」や「二元論」、などについて語り合うことに心底ワクワクした。

使命を知りたい

極めつけは、みどりちゃんがくれた『アウト・オン・ア・リム』(シャーリー・マクレーン著)。

当時は、前世やカルマなどは知られていなかったので「こういう考えがあったのか!」「これなら辻褄が合う」と、今起きている現実や置かれた環境、人間関係など、すべての謎が解けていくような、ピタリピタリとジグソーパズルが一気にはまっていくかのような、強いインパクトを受けた。それからの私は、魂や前世に興味をもち、次のように考えた。

「人それぞれに、今世で果たすべき使命があるなら、それが何なのか知りたい」

「肉体は生まれ変わっても魂が存続しているのだとしたら、私の魂は私にどう生きることを求めているのか知りたい」

「現実のすべてが因果関係によるもので、その因果関係が、前世からのカルマによるものなら、どんな前世だったか知りたい」

「前世を知ることができれば、魂の使命もわかるはずだ。前世を知って、使命を果たし、真の道を見出したい」


そう思った矢先に、今で言う引き寄せが起こる。ある日、何気なく日系新聞を開いた私は、その片隅に「前世体験」ができるセラピーの個人広告を見つけたのだ。即刻申し込んだ。


悩みへの投資は、迷わず惜しまずしてください。

なぜなら悩みの向こう側に、魂との出会いはあるからです。

初めての心理セラピー

車で20分ほど走った街のアパートに到着すると、はるおさんとあきこさんという日本人夫妻が待ち受けていた。

セッションを受けるのは、三人の日本人。

夫妻は、スタニスラフ・グロフ博士というドイツ人の、トランスパーソナル心理学の創始者から指導を受け、「ホロトロピック・ブレスワーク」を施す心理セラピストだった。

セッション前のシェアリングでは、「前世を知って魂の使命を見出したい」と気合いたっぷりに意気込みを語った。

薄暗いその部屋で横になると静かな音楽のなか、あきこさんがリラクゼーションの誘導をはじめた。全身が脱力すると、体は重たくマットに沈み、その一方でふわりと、もう一人のボディが浮いているような、不思議な感覚だった。

あきこさんの誘導通り、深く早めの呼吸をするなか、音楽が大音量で鳴り響く。悲しげなクラシック調の曲に変わると、私の足先は子どもがぐずるように揺れ出し、なぜか悲しい気持ちになってきた。しくしく泣きはじめている。泣きはじめたところで、自意識が半分覚めて、泣くのを我慢しようとした。が、せっかく望んだセラピーなのだから、と、あえて放置することにした。

すると、

「く〜る〜し〜い……!」と、歯をくいしばって、絞り出すように苦しみながら自分の胸をかきむしる。ひとりでにそうなってしまっている感覚だった。

「くやしい……」

胸がえぐられるような、何とも言えない大きな感覚が込み上げてきた、次の瞬間、私は堰を切ったように号泣しはじめた。

生まれ育った家で、いつも食事をする木目のテーブルを前に座っている。

目の前には真半分に割れた、大きなスイカの赤い果肉。ところどころに黒く光る種が見えている。

私は、号泣しながら、「どうして、どうして……」と、ただただ口惜しい気持ちとあふれる涙を吐き出している。涙と鼻水で、顔はぐちゃぐちゃだった。

真っ二つに割れたスイカ

ほとんど忘れ去っていた、子どものころの記憶。

大きな出来事だったとは、まったく思っていない。「そういえば、そんなことあったなぁ」という程度の出来事。それが何歳のことかなどまったく記憶にない。もちろん泣くほど口惜しい出来事だったわけはない、些細なひとコマに過ぎなかった。

それなのに、潜在意識の記憶はなんと正確なことか。テーブルを前に座る私には、しっかり「私は8歳」との自覚がある。


8歳の夏休み。

8つ年上の兄は高校生。ハンドボールの選手で、いつも優しく面倒をみてくれるお兄ちゃんは、大好きな憧れの存在。

今日は、お兄ちゃんが3日間の合宿へ出かけてしまう日。

母は、お風呂に張った水のなかに、スイカを浸して冷やしていた。

そろそろ出発する兄が、学生服姿に大きな荷物で2階から降りてきた。

冷やされたスイカは、玄関先の床の上に置かれている。

私は、靴を履いている兄を見て、今日から3日間会えなくなってしまう大好きなお兄ちゃんにスイカを手渡してあげようと思いつく。

「合宿をがんばってね。元気に帰ってきてね。お兄ちゃん大好き。行ってらっしゃい」。

そんな気持ちを、伝えたい一心で親切にしたかったのだ。

私はしゃがみこんで、大きなスイカを両手で挟んだ。20センチほど持ち上げたところで、水滴に濡れていた重たいスイカは、私の手のひらから滑り落ちた。鈍い音をたて、真っ二つに割れてしまったのだ。兄が行ってしまい二人きりになると母は猛烈に怒った。

木目のテーブルの前に座らされている私。無残に割れたスイカの面は、8歳の私の目の前に迫っていた。

「あなたが割ったんだから、あなたが全部食べなさい！」

母は、私に大きなスプーンを突きつけた。

私は、ごろごろと座りの悪い半球のスイカを押さえながら、スプーンでえぐってはボソボソと口に運び続けた。

片割れの半分をほぼ食べ終わったころ、母は気が済んだのか、これ以上食べさせてはもったいないと我に返ったのか「もういい」とスプーンを取り上げた。

扇風機の音だけする蒸し暑い部屋に、重い沈黙が続いた。


そのときの私は泣いてはいなかったと想像します。なぜなら、その前後の記憶から、当時の私はすでに感情を殺して、母のご機嫌に怯える人形のような子どもだったと思うからです。

セッションでこの光景の一部始終を再体験することになった私は、どうして母は、その理由を聞いてくれなかったのか、なにしろそれだけがものすごく口惜しい！　という感情体験をしたのです。

また、当時はカレーやグラタンを食べるにも子どもサイズの私専用のスプーンがあったのに、わざと大きな大人用のスプーンを、しかも、人にハサミやスプーンを渡すときには、「柄のほうを向けるように」と教えてくれていた母が、スプーンの部分を突きつけたことが、非常に悲しかった。人間の「意地の悪さ」というものを感じてしまった絶望の瞬間だった。何か大きな希望を失ったような。

このセッションでは、もうひとつの出来事を体験するが、やはり、良かれと思ってやったことを、理由も聞かずにひどく怒られた経験で、スイカの出来事同様、特に印象深い記憶ではなかった。

セッションのあいだは、「どうして理由を聞いてくれなかったの」という口惜しさが雪崩のように放出し、号泣しっぱなしで、1時間半ほどのセッションが終わったときには放心状態。お化粧はすっかり落ち、瞼は腫れ、頭がずきずきするほどだった。

セッション後、飲み物やフルーツが用意されたリビングルームに移り、それぞれの体験についてシェアした。

私が、自分の体験について話し終えると、はるおさんは静かに言った。

「そうでしたか。じゃあ、リズさんは、トラウマを体験したのですね」

トラウマとは精神医学用語で「精神外傷」つまり心の傷のことである。

(戦争や災害被災など命が危機にさらされた経験が、本人の性格や人生に悪影響をもたらすケースのほか、生育歴の経験から受けた心の傷が、本人の日常生活に支障をもたらしている場合、「II型のトラウマ」と分類されている。)

「トラウマ……」

初めて耳にする言葉だったが、なぜだか、知っているような、「私のための言葉」のように、私の胸に響いた。


前世がわかれば、自分が何者なのか、魂の生き方がわかる！　そんな期待満々で受けに行った初の心理セラピーだったが、私は前世まで行くどころか、今世でのトラウマと向き合うハメになってしまったわけです。

その気になりやすい食いつきようには、みずから苦笑しますが、さあ、ここからが大変なことになるのです。

魂の扉を開く鍵「トラウマ」

セッションの最後に、注意事項が伝えられた。とくに私のように長年抑えられてきた感情解放という衝撃的な再体験がなされた場合、しばらく下痢や頭痛、微熱といった症状が続くことがあるのだと。けれども、それは東洋医学で「瞑眩《めんげん》反応」といい心身の悪いものが浄化されるプロセスだから、それをどうにかしようとしないでよい、とのことだった。病気が完治する直前に一時症状が悪化した形で出現する「好転反応」と同じことらしい。

案の定、言われた通りのすべての症状が出現した。

「そんなに傷ついていたのか」というショックも大きかった。なにしろ、明るくお調子者だった私が、亡霊のようになってしまったのだ。

体が辛いからと寝てみれば、ふつふつと沸き起こる負の感情に圧倒され苦しい。気分転換しようとしても興味が失せてやる気が起きない。

自分でも絶対におかしいと感じたのは、友人が気晴らしに誘い出してくれ、日本映画「寅さん」を観に行ったとき。故郷の柴又に帰る寅さんが些細なことで機嫌を損ね、家を飛び出してしまうお決まりのくだりで、寅さんの不機嫌にドキドキと心臓の鼓動は高まり胃がむかついて生唾さえ出てくる始末。友人は隣でゲラゲラ笑っている。「日本を代表する娯楽映画でこんな苦しい思いをしている私は、絶対におかしい」、そう思った。

今思えば、このとき私は不安障害にかかっていたのだと思う。自分はこのままおかしくなって死ぬんじゃないかと、ほんとうにそう思い悩んだ。それでも、日々は流れゆく。

仕事は続けなければならない。友人や知人に会えば、いつもの「元気で明るいリズ」を装わなければならない。装う必要はなかったかもしれないけれど、自動的に元気のスイッチが入ってしまう。

しかし、そんな自分の明るささえ不正直だと自責しては、また疲れてしまう。ピア・ガーデンで「偽善者！」と言われたことを思い出し、悶々とその意味を考えたりもした。

何より耐え難かったことが、母への憎しみを否定できなくなってしまったという事実。心配性で口うるさい母に対しては、それなりにケンカや反抗もしたけれど、仲良しのつもりだった。が、この時期から、あのときもこのときも、と母の顔色ばかり見てきたことへの無念さや口惜しさがよみがえり、憎しみが増し、どうしようもなかった。

けれども、以前読んだ心理療法の本で、親について「殺してやりたい」と言ったクライアントに対し、治療家が「そこまでの憎しみが出てきたなら、あとはもう良くなりますよ」と伝えたくだりを思い出し、今起きている事実を信じ委ねようと思った。いずれにせよ、前の自分には戻りようがなく、私にとっての前進はこの苦しみに没入することだった。

「自分など母が機嫌よくいるための道具にすぎなかったではないか！」

「私というキャンバスは母の好みの色で、母の好みの絵柄が描きなぐられていただけじゃないか！」

「私のこれまでなどまるで着せ替え人形。猿回しの猿だったではないか！」と激しく憤り苦しみました。

そして、「そういえば」と、次々とよみがえってくるトラウマ。

極めつけは中学時代。

思春期だったためか夜眠れず苦しんだ時期があり、夜中、窓辺に腰掛け、時折通る車を眺めては不安を鎮めていたのだが、母は私が夜中にガサゴソやっていることに苛立ってやってきた。

私はやっとの思いで心細さを打ち明けた。

「こんな時間に眠れなくて起きているのは世界中で私だけみたいな気がして……」と。

するとと母は、

「そうよ、こんな真夜中に窓の外なんか見てる中学生は、世界中であんた一人でしょうよ！」

そう言い放って、部屋の戸をピシャリと閉めて立ち去ったのです。

このとき、何かがプツリと切れ、「もうこの人を母親だと思うまい」と心に決めた。そんな記憶もよみがえり、心の膿がどくどくと出てきている状態だった。中学高校と不良っぽくなったのは、これがきっかけだったんだと、気づいたりもした。


最後には、母への気持ちを抑えきれず、半狂乱で日本の自宅に電話をかけ、母への憎しみのあれこれを絶叫状態で伝えたこともあった。母は、電話口でとぼけたかと思えば言い訳したりなだめたりするが、それらすべてが私には気に食わず、号泣しながら叫んだ。


「お母さん！　私のこと愛してるの!?　愛してるなら、愛してるって言って！」

当時の日本ではなかなか言える言葉ではなかったでしょう。困り果て、ごまかし笑いする母。執拗に迫る私。

脇で聞いていた父が、とうとう受話器を取り上げ怒鳴った。

「お前はホームシックにかかってるんだ！　今すぐ帰って来い！」


——愛している——

そのひと言が聞けたら私は安心できたのかもしれない。が、そうは問屋がおろさなかった。

それからの私は、ヴェニス・ビーチのヒーラー、ダイアン・ヴォーンからインナー・チャイルドなど心理セラピーを度々受け、アファメーションを伝授してもらい、彼女の優しい笑顔と声に少しずつ癒されていった。ダイアンの行うグループセラピーにキーボードを持参して演奏したりするようにもなった。また、仏教や座禅会での瞑想、ヨガも以前以上に熱心に取り組むようになった。

心理セラピー、アファメーション、ヨガ、瞑想、すべて今、私が行っていることだ。「愛している」という言葉を引き出すことができたら、極めることのなかったこと。

しつこいほどに、悩んでもがいてよいのです。あとになれば、人生で一番辛かった時期こそ、人生で最も輝いていた時期になるからです。
「すべてに最高最善の意味と理由があります」

「あなたが美香ちゃん?」

チャペルで「人は幸せになるために生まれてきた」と告げられたスピリチュアルな体験の直後、私は美香と大の仲良しになり、二人でいたずらっ子ぶりを発揮した。

あるとき、家に遊びに来ていた美香に、私の母が言うのです。

「あなたが、美香ちゃん? もしかして、小学1年生のとき、ご病気していなかった?」

中学1年で急に仲良くなった美香とは、それまで同じクラスになったことがないと思い込んでいたのだが、小学1年で同じクラスだったようだ。

ご病気で体育の授業を見学しているお友達がいるからといって、その子の病気が治りますようにと、私が毎晩お祈りをしていたと言うのです。そのとき母は、幼い我が子が他の人の病気が治るようにと祈る姿を見て、娘をこの学校へ入れて良かったと思ったそうです。

美香が家に来ると母は、なぜかとても機嫌がよく、優しかったことを覚えています。美香も私の母のことが大好きでした。母はふくよかで割烹着姿だったので、外見的には当時の人気ドラマ「肝っ玉母さん」の雰囲気がありました。ユーモアもあり、夜食や手作りデザートをふるまってくれる母は、美香に限らず中学、高校時代の友達からは絶大な人気を誇っていました。

母は字がきれいで、そろばんや暗算が特技。お花や洋裁も得意で、私に手作りの洋服を着せるのが楽しみだったようです。そんな母は、まるで良妻賢母を絵に描いたような人でした。それだけに娘の私への期待も大き過ぎたのかもしれません。

自分の抑圧感情を受け入れる

今では、人にはいろいろな面があるものだし、それがまた母のあるがままの姿なのだと思うことができますが、この時期は、母を赦すことができずほんとうに苦しみました。

のちに手相を見てもらったとき、この時期について「生死に関わる経験をしていますよね」と言われたことがあるほどです。実際私は臨死体験をしたのかもしれません。

大切だったのは、自分の抑圧感情をしっかり味わい受け入れることだったと今では思います。トラウマとの出会いを通して、強制的にその経験をさせられただけ。そうしたタイミングは何らかの形で、誰にも与えられるものです。なぜなら、「魂の自分」と出会うために、「置き去りにした自分」を迎えに行く必要があるからです。

魂に出会うため、あなたのなかの「置き去りにした心」を迎えに行って抱きしめてあげてください。どんなに苦しんでもよいのです。

赦させてください

遠い日におぼろげに感じていた「大きくなったら神様のことをする」って何のことだろう、と気になりはじめていました。

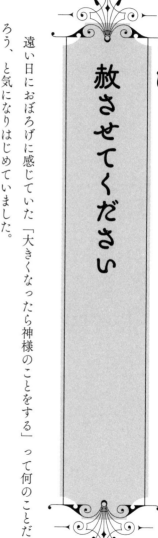

「ほんとうの自分とは」との疑問からはじまった心の探究によって、そんな遠い日の想いを思い出したことを機に、自然と「魂の生き方」を模索する方向にシフトチェンジしていったのでしょう。このころから私は、早く自分の「魂の使命」に出会いたい、そうでなければ人生はじまらない、と思うようになりました。そして、人生での使命が何であるか知らせてください、と祈るようになったのです。

しかし、心のどこかで思ってもいました。「神様のことをする」「魂の使命を果たしたい」と望む人間が、産み育ててくれた母を赦さないままいてよいはずがない、と。

確かに傷ついた。けれども、ゆるしがたきを赦すことこそ課せられたレッスンなのではないかと考えるようになったのです。

聖書には「愛とは寛容」と書いてあり、仏教でも「無条件の施しこそ、気高い徳を積む行い」と説いている。それらを、読み聞きし、頭ではよくわかっていたけれど、いかんせん心が伴わず、もがき続け、「神様、この私に、母のことを赦させてください」と祈ったほどです。

そこで、さらなる癒しを求めてデーバック・チョップラー博士やスタニスラフ・グロフ博士らの合宿へ参加するなど、癒しのために徹底的に自己投資をした。「赦し」をテーマにお坊さんやセラピストにも相談したり、アファメーションを処方してもらい唱えたりした。自分が癒やされていき、自分のことがわかるのは、どこか楽しいことでもあった。けれども心には波があり、まだまだ混乱は続いた。

ついに見つけた魂のふるさと

もがきながら、どうにか仕事は続け、癒しと成長のプロセスを辿ってはいたものの一進一退だった私に、はるおさんが「エサレン」という施設へ行くことを勧めてくれました。

エサレン……。その響きがなんとなく気に入り、良い予感がした。

エサレン研究所は、西海岸のモントレーにほど近いビッグサーという小さな街にある心理学研究所。ゲシュタルト療法を創始したパールズら、三人の心理学者が1962年に建てた滞在型研究施設で、エサレン・マッサージのほか数々のワークショップが開催されており、静養のために滞在することもできるとのことだった。

ロサンゼルスから車で6時間ほど北上し到着した。

高い塀と厳重な警備。1週間の滞在予約が確認され、ゲートが開けられ敷地に入った。

エサレン・インスティテュート。

美しい花々が咲き乱れ、カラフルな蝶々が舞い、青い鳥が木の実をついばむ。

菜園やお花畑があり、瞑想ガーデンの向こうには太平洋が一望できた。

とても静かで、神聖なエネルギーが流れる土地。

天国って、きっとこんなところ、というほどスペシャルなバイブレーションを感じた。

ログハウス風の食堂では、菜園で採れた無農薬野菜を中心とした食事が三食出る。太平洋を一望できる岸壁の温泉は石造りで、「Silent（静寂）」と「Quiet（沈黙）」の2つのエリアに分かれていた。混浴で水着を着ている人はいなかった。
食堂の窓から見えるプールでは裸で泳ぐ男女の姿が見えた。ガラス張りの教室では、教師以下一同、一糸まとわぬ姿でボディ・セラピーの授業が行われていた。

「アダムとイヴ……？」

庭園の一角では、酔いしれるようにアフリカン・ドラムを叩く人やそのリズムに合わせて踊ったりしている人もいた。
ほとんどの人たちは、もの静かで、ゆったりゆっくりしていて、そして素足だった。植物の前に膝をついて泣いている人がいても、人はその後ろを静かに通り抜けていくだけです。けれども、他人に無関心なのではない。すれ違うときは、遠くから温かなまなざしで、微笑みかけている。まるでテレパシーで挨拶したり自己紹介したりしているよう。完璧に安らぐことのできる波動だった。

ちょうど勉強中のエイジという日本人から、いろいろな「感じ方」について教えてもらった。彼の練習相手になりマッサージを受けたとき、衝撃的な経験をした。感じるままをすべて否定せず、受け入れ感じるようにと告げられ、エサレン・マッサージがはじまると、体中に「気」が流れるのを強く感じた私は、たちまち泣き出してしまったのだ。

そのとき思った。

「いかに感じることを恐れて生きてきたのだろう」

感じることを恐れていては、自分も他者も受け容れようがない。

安心して心がワイドオープンにならなければ、自分を、人様を、神様を、人生を、安心して受け入れることなどできるはずがない。

すごいところへ来たもんだ、と客観視する自分がいる一方、目覚めたばかりの乳飲み子が無心にミルクを飲むような勢いで、私の心は洗われていきました。

エサレンでの体験は、「魂が喜んでいるのがわかる」、そんな新鮮で、初めての体験でした。

エサレン。
そこは、魂の楽園。
私の魂をよみがえらせてくれた心のふるさと。

求めてやまない者のみが
魂の楽園を見出すことができます。

魂の使命に出逢わせてください

エサレンから戻った私の心は、波立ちがなく平和で穏やかだった。

瞑想や祈りのときの意識も冴えわたっていた。

自分のために受けてきた心理セラピーについて友人に話すと、みな口を揃えて受けてみたいと言った。が、「英語に自信がないからリズがやってくれない？」と頼まれ、見よう見まねで施すようになった。キーボードでその時々の感情に合わせ即興演奏をし、ストレスや子どものころからの抑圧感情の解放、インナーチャイルドなどの心理セラピーをするようになっていったのです。

心のセラピーを受けてみたお友達はそれぞれ、大泣きしてスッキリしたり、前世と思えるような光景のなかスピリチュアルな体験をしたり、亡くなった親族に再会できたりなど、貴重な経験をすることができ、感動し感謝してくれたものです。今振り返れば、この経験が私のセラピーの原点。36年も前のことです。

その後も、エサレンを訪れたりセラピーを受けたりなどし、あるセラピーでは「胎児期退行」といって母の胎内にいるときの経験をした。その経験を通して、母の愛にたっぷり包まれていたことを、身をもって実感し、私はようやく母を赦し、偽りのない愛と感謝に満たされるようになった。

そして、子どものころから胸のなかに秘めてきた「神様のことをする」とはどういうことなのか、早く知りたいと思い、さらに強く祈るようになった。

「魂の使命に出逢わせてください」と。

エサレンから戻ってからの私は、断食や瞑想などをいっそう好んでするようになっていた。そんななか私は考えた。

「もし、私のことを見ている人物がこの世に一人もいなかったら、私は、今日この服を着て、この生活をしているだろうか」

答えはノーだった。そして、さらに

「私に名前もついていず、
私にも、ほかの誰にも、目も耳も口もなかったら、
私は今持っているすべてを選んでいただろうか」
答えはノーだった。

「自分」という自我を、玉ねぎのようにはいでいくと、何が残るのだろう。最後に残る一番奥の本質はなんなのだろう。

その感じられた私の本質は、なんと「なめくじ」だった。

目も耳も口もついていない、感覚だけの存在、うごめく素粒子の集合体。限りなく無に近い生命体だったのだ。

それを感じ取ってしまった私は、こうしてはいられない！　と、豪華なロフトを出ることにした。

知り合いが、取り壊すまでのあいだ住んでいていいと言ってくれた、電気さえ通っていない家に移り住み、キャンドルだけで生活してみた。すると、心がシーンと落ち着いた。

そこでの生活は、今思えば「波動を揺らさない修行」だった気がする。

電気の灯りとは違い、キャンドルの炎は空気振動で揺れてしまう。立ち上がったり座ったり、腕を動かしたり、咳をしたり、物を取り置きしたりするだけで炎が揺れる。

自分が揺らした空気振動が、逐一炎に伝わり、少しの時差を経て炎が揺れる。その炎に映し出された自分の影が、自分の動きに応じて、ゆらゆら揺れたり、激しく揺れたりする。これを目の当たりにしたとき、すべてが振動であることに唖然としてしまった。

それからは、キャンドルの炎が揺れないよう、静かな呼吸で、万事スローモーションで生活した。そうすればするほど、自然と呼吸は整い、心は落ち着き、波動が鎮まり、最高に心地のよい精神状態になった。

引き裂かれてあんなに苦しかった外と内、体と心、自我と真我、個性と魂が、この居心地で完全に調和する感覚を得ることができた。

魂のふるさとに還る日まで

その後、不快を避け「好きなことだけする」と決めると、華やかな夜の世界が虚構に思え、私はピアノの仕事を徐々に減らし、心の声にだけ従う生活へとシフトしていく。

そんなある日、突き抜けるようなカリフォルニアらしい青空を見上げたとき、「ビーチへ行こう!」と思いたった。

バイクを飛ばして、サンタモニカビーチへ到着すると、1分もたたないうちに、波打ち際から初老男性が近づいてきた。ジョセフという名のその人は、このビーチの常連で人気者らしく、みな彼に親愛をこめて挨拶していた。

彼は、私に「君の名前は聞かないよ。僕が君に名前をつけるから。ちょっと待っていて!」とひょうきんにウィンクすると、「受信機」で交信するから、と言い、腰につけた受信機のツマミを回す素振りをした。

太陽をキラキラ反射させる太平洋の波音を聞きながら、私は、楽しい気分でその様子を見ていた。

しばらくすると、ジョセフは私の耳元で、今度は真面目な低い声で囁いた。

「サラージ」

古代アラビア語で「光」を表す、と教えてくれた。私はこの名前を私のスピリチュアル・ネームとして受け取ることにした。

ジョセフはサンタモニカに住むアーティストで、その後、何度かサンタモニカにある彼のアトリエ兼自宅へお邪魔し、ヒーリングを施してもらったりスピリチュアルなことについて語り合ったりした。油絵の油臭い匂いのするその部屋は、たくさんのキャンバスのほか不思議なオブジェや雑貨がひしめき合っていた。あるとき帰り際に、そのなかから彼は私に、直径10センチほどの真っ赤なキャンドルを持たせてくれた。なぜか使いかけだったが、せっかくなのでいただいておいた。このキャンドルがのちに私を助けてくれることなど予想だにせず。

世間体や人の目から解放され、自我の鎧が取れた私は、心も体も身軽で強く自由だった。そこで私は、魂の使命を果たしたい、魂の望む生き方がしたい。なおもそう思うようになった。そのきっかけは、瞑想中に見えたヴィジョンだった。

それは、肉体には限りがあるけれども、魂は永遠なので、死んだあと肉体を離れた魂は、出てきたところへ帰っていく。魂の故郷へ戻っていくイメージだ。

このとき、魂に授かった使命を果たさなかったら、つまりほんとうの意味での「仕事」をしなかったなら、魂のふるさとに出迎えてもらえない、というものだった。

魂のふるさとに受け入れてもらえず、「あなた、何をしに地球まで行ってきたの?」と門前払いされてしまう。それこそ、最も恐ろしいこと。死ぬより怖いことだと思った。私が「魂の使命」に固執する理由が、自分でもわかった気がした。

そこで、さらに熱心に祈った。
「尼になるから今すぐ頭を丸めろ、というなら、今すぐそうします。
それほど覚悟はできているのです。
私は自分の魂の果たすべき生きかたがしたいのです。
ただ、それが何なのかわからないことがこれほど苦しいのです。
ですから、早く、早く私が真に歩むべき道を教えてください」と。

叶えるべき夢を求め、叶えてください。
ほんとうの夢、
それは魂の使命を果たすことだからです。

第4章

人はみな「神の力」の通り道

「光」との交信

それは、突然やってきた。

友人に頼まれ心理セラピーをしに行った帰り道、ノースハリウッドの自宅に戻る405フリーウェイでのこと。私は車の助手席で、西陽を浴びてキラキラ輝くヴェンチュラ盆地を眺めながら、充実した疲労感に身を委ねていた。すると、急に、首が凝ってきて目を開けていられなくなった。私は深呼吸しながら、両目を固く閉じ、肩首を回すなど体を伸ばしはじめた。

ヨガを習っていた私は、日ごろから体を動かすことがあったので、そんな私を、運転しているボーイフレンドのカズも、さして気に留めている様子はなかった。

閉じた目のなか前方中央に視線をおいたまま、深く深く呼吸を続けていると、意識は胸の奥へと下っていった。

イメージとしては、「パフェの器」のような逆円錐形。その奥へ、呼吸しながら下っていく感じ。人間の胴体は円錐形ではないけれど、体のなかに逆円錐形の器があって、意識がその奥の、尖ったほうへと下っている。

胸からみぞおちへと下っていく。

下って行けば行くほど逆円錐形の尖った先のスペースがどんどん狭く小さくなる。呼吸と同時に意識はさらに深いところへ達しようとしている。もう円錐形の先の、尖ったスペースもなくなってしまう。

そのとき、私は思った。「ああ、もうこれ以上、狭くなったら点になる。点がどんどん小さくなっていく、ああ、もうなくなっちゃう、……無次元になる……」

と、その瞬間、私は、ぽーんと宇宙空間に放り出された。

5つの約束

さっきとはうってかわって広大で限りなく漆黒に近い藍色の世界を、意識だけの存在になった私が宇宙遊泳しているのだ。

周りには星々がゆっくりと、うしろへ流れ去っていくのが見える。

心のなかで、私は、うわぁ〜、とその美しさに息をのむ。
すると、声が聞こえた。声と言っても、耳に聞こえる「声」ではない。
ただただ美しい「愛の光」としか言いようのないエネルギーだ。

美しいその光は私に語りかけた。

「あなたは、わたくしたちのために、
あなたの『一番大切なもの』を『捧げて』くださる決心を、もう、なさいましたね？」

私は心のなかで、全身全霊、誠意をこめて「はい」と応えた。すると光は続けた。

「それでは、これから次の5つのことを守ってください。
1つめは、正しい呼吸
2つめは、正しい姿勢
3つめは、愛情のある眼差し

4つめは、愛情のある言葉
そして、5つめは、食べ物、に注意してください」

5つめのところで、私は思った。

「ん？食べ物ってどうやって注意するんだろう」と。

すると、「はい、それはそのつどお教えします」と答えたのだ。


私はその答えの速さに驚いてしまった。

驚いたと同時に、それまで対話に集中するのを妨げないよう、体の左側で待機するかのように静かにしていた「自意識」が戻り、考えはじめてしまったのだ。

「え？今、心で疑問に思っただけだったのよね。なのに、それが質問となって届いていた？しかも、瞬時に答えが返ってきた……。何これ、一体どういうこと？」


ここまでは瞑想状態になって、「その存在」と対話することに無心に集中していたわけだが、そのあいだ静かに傍観していた「自我」が驚嘆して目覚め、思考しはじめてしまったのだ。その自我は考えた。

「ちょ、ちょっと待ってよ……。そもそも、さっき首を回して目を閉じて、奥の奥まで行ったのよね。そしたらこれが起きたのよね。ということはこの存在は私の奥にいたの？　いや、でも宇宙に飛び出したあの瞬間にはじまったんだから、この存在は、宇宙から全体を包括しているような存在ってわけ？　だけど、食べ物をそのつど教えてくれるっていうんだから、私の周りをウロウロしている存在ってこと？」と。

するど、今度は「ふふ」と微笑むようなエネルギーを放ち応える。

「はい、わたくしは、貴女の奥の奥に存在するものでございます。また、すべてを包括する存在でもございます。そして、貴女がおっしゃる通りいつも貴女の周りをウロウロ、する、ものでもございます」と。

このとき最後の「ウロウロするもの」を強調したアクセントが絶妙で、ユーモアもあるこの存在に私はまったく感服してしまった。

私は尋ねた。

「また来てくださいますか?」

光は答えた。

「わたくしは、いつも、あなたと共にあります」

この光の存在こそ、私が幼いころから「知っていた神」と一致していた。

最後に、私はなぜだか赦しを請うように「光」に伝えた。

「こうして、あなたに出会うことができるようになるまで、こんなに時間がかかってしまいました。(そのことをお赦しください)」

私の目から、涙が一筋、頬を伝った。

と、そのとき、エアコンの冷気が頬の涙にひんやり触れたことに、ビクッと反応し、私はぱっちり目を開け、我に返った。

あたりはとっぷりと陽が暮れ、もう夜になっていた。さっきキラキラの夕陽を眺めていたときから、相当のあいだ、私は「それ」をしていたのだろう。その間、運転席のカズは車を路肩に停め、ただ私を待ってくれていた。ひと言も言葉を発せず、ただ静かに……。

光の存在、サラージ

ものすごくセンセーショナルな出来事だったわりには、直後の私は案外ケロッとしていて、昼寝のあとのようにスッキリしていた。二人ともお腹がペコペコだったので、そのままノースハリウッドのラーメン店に向かった。

席に着きメニューを広げると、一つひとつの品物が写真で表示されていた。

「何を食べたら良いかそのつど教えると言っていたよね」と思いながら、メニューの写真に目を滑らせていると、目線がすーっと、ある写真へと運ばれ、そこで止まった。すぐにわかった。

「おぉ、これを食べろってことね！」

使命について直接告げられた体験ではなかったが、その夜は、ようやく本来のレールに乗ることのできた喜びと安堵感でいっぱいだった。

眠りにつくとき、先ほどの聖なる愛の光のエネルギーを思い返して、感謝の祈りを捧げた。すると、ジョセフの低い声が耳の奥でエコーがかかったように響いた。

「サラージ」

あの光のエネルギーの地上での呼び名なのだと理解した。

ジョセフとの不思議な出逢いが、ここに繋がっていたなんて！

私は、この世のマジカルなパワーに感動しながらうっとりと眠りについた。

注釈：

実際に「一番大切なもの」という言葉が使われたわけではなかった。

「一番大切なもの」を表す、ひとしずくだった。

だから、「命」とも取れたし、「人生」とも取れた。

同様に「捧げる」というのも、私の解釈でチョイスした言葉なのであって、「貢献する」「差し出す」「献ずる」という意味のエネルギー。

そのエネルギーが意識として伝わってくるものが「テレパシー」なのだと思います。

5つの約束

1 正しい呼吸
2 正しい姿勢
3 愛情のある眼差し
4 愛情のあるお言葉
5 食べ物をはじめとする健康

＊口角上げて深呼吸を習慣づけましょう。
＊瞑想するときのイメージは、呼吸と一緒に体の中央へと下っていくつもりで。
視線は一点集中、視線をふらつかせないようにしましょう。

初めてのチャネリング

「5つの約束」が告げられた光の存在サラージとの衝撃的な体験は、まだまだ前触れに過ぎなかった。そのあと「チャネリング」という現象が起きる。

チャネリングとは、通常目には見えず、コミュニケーションすることのできない、神、宇宙人、天使、聖霊などと交信することで、交信した情報を届ける媒体のことをチャネラーという。

その日、カズと私は映画を観ようとダウンタウンの映画館へ出かけ、列に並んでいたのだが、めまいでふらふらし、立っていられなくなってしまった。

腰をおろしたい一心で、駐車場をよろけるように小走りし車に乗り込み、助手席シートに沈みこむと、頭の右上から首、肩にかけてものすごい「圧」が迫ってきた。

なんと、その「圧」がぐいぐい私の体に入って来ようとしているではないか！

その「圧」は、〝意志をもった意識〟であるのが感じられた。

「今日こそは、入らせていただきます！」という固い決意があることを私はひしと感じていた。

「母船……私たちの星……地球の人たちに伝えたいことがたくさんある」

そんな言葉が伝わってきた。

そのあいだも意識は右上からぐいぐい入ってくるので、私は自分の体の左のほうへ押し出されそうになっていた。

私は咄嗟に「どかなきゃ」と思った。

ところが「どく」といったって、どきかたなんて知るわけがない。

そのうちに体が痛くなってきた。

その痛さとは、ひとつのジャンプスーツを二人が同時に着込もうとしているイメージ。

ジャンプスーツは膨張して張り裂けても、痛がったり悲鳴をあげたりはしないだろうが、「私」が収まっているこの肉体という名のジャンプスーツに、もう一体の意識が入り込もうとしているのだから、カラダは痛くて耐えられない。

「痛たたた！」

痛さで体が硬直してしまっている。が、抵抗すると余計に痛い。

緩めて自我をどかさない限り、その意識も入りようがない。

感覚的にそう思っても、どうにも緩めて、出ていく、なんてことができない。

あふれるヴィジョン

そんななか突如ヴィジョンが流れ出した。街でよく見かけるカイロプラクターの看板、そして、カーブするフリーウェイ。意識は、まだ右肩に入りかけた段階で語りかけをはじめてきたのだ。

とても優しい神聖な波動だ。

「人間の背骨がなぜ曲がるかわかりますか？」

ヴィジョンは続けて流れる。車がカーブするとき、その遠心力で体は投げ出されそうに振れる。このとき子どもは無防備に放り出されるが、大人はそれをわかっているので、車内のグリップにつかまるなどして体が持っていかれないよう抵抗する。そんな光景が見える。

「魅力の魅と書いて、魅かれる、といいますね。体が遠心力で引っ張られるように、魅力あるものの方へ磁石のように引っ張られるのは自然なことです。けれども、人間の多くは、そちらへ行かせまいと力ずくで抵抗します」

その抵抗がエネルギーレベルで気の歪みを作り、実際に背骨の歪みや、体調、体質の偏りになっている、というのだ。

魅力あるものに魅かれ、さらに近づき、いずれ交わることは、自然な流れだ。しかし、人は大人になるにつれ社会化され、時として抵抗する。それが歪みのもとだというそんなイメージだ。他にもいろいろな解釈があるだろうが、私にはそう感じ取れた。

このとき、このままでは、そのエネルギーがその声色で語りはじめてしまいそうだった。これ以上コントロールできない。「その存在」が語りはじめるのは時間の問題だ。

「もしそんなことになったら、どうなっちゃうんだろう、カズは私が、気が狂ったと思うんじゃないか、母船とか地球の人とか、背骨とか……」カズがその存在にインタビューするように話を聞き出してくれればよいと思い、そのことを伝えたかった。でも、押し出されている私は、もはや話せる状態ではない。

筆談ならできると思い、バッグからペンをとった。が、紙がない！

焦ると、より体は硬直し痛んだ。私は必死に長い呼吸をして心を落ち着かせた。

ダッシュボードに何かあるのではと慌てずゆっくり開けてみると保険会社の封筒があった。

それを取り出し、そこに書いた。

「私たち母船・地球の人に伝えたい・私（リズ）にいろいろ聞いて、喋らせて」と。

それまでも心配そうに見守るカズの気配は感じていたが、このメモを見たカズは、理解してくれるどころか、もっとわからなくなっちゃったのを肌で感じ、「だめだこりゃ」と思った。

それでも、あちらはぐいぐい押し入ってくる。私は出ようにも出られない。体は張り裂けそうな痛みで全身硬直している。

すると、その声は「貴金属ぜんぶ取って」と言ってきた。

ジプシーのようにジャラジャラつけていたたくさんのアクセサリーを急いで全部外した。すると、さっきまでの硬直が、すぅ〜っと解けて、肉のジャンプスーツはたちまち和らぎ静まった。

私たちは急いで家へ向かった。

部屋についてカズが電気のスイッチを入れると、体がビビーと飛び上がるほど反応し再び硬直した。

「だめ、電気消して！」

家の電気をすべて消し、家電製品のコンセントも抜いた。真っ暗では何も見えないので、カズが部屋のどこかからキャンドルを探してきて、つけてくれた。

小さな炎を前に、ようやくしーんと平安な居心地になった。窮地に安らぎをもたらしてくれたキャンドル。それはあの日、何気なくジョセフがくれた大きな真紅のキャンドルだった。

どうにか落ち着いたところで、その夜は、これからの人生で、高次意識からのメッセージを「通す媒体」となるために今必要な課題などが言い渡され、初めてのチャネリングは終了した。

未知なる世界への冒険のはじまりだったが、恐れはなかった。なぜなら、その先に何があろうと、光を求めて進むことが私の道だと確信していたから。

スピリチュアル体験は突然起こることが多いので、それ以前に動揺しない心づくりをしておきましょう。

＊感情の乱れは波動を乱すので、一喜一憂しないよう細長い深呼吸をしよう。

＊焦れば焦るほど波動は乱れ神の力を締め出してしまうので、日常から「急ぐときほどゆっくり丁寧に」を心がけましょう。

＊イライラしたり日常の事象に一喜一憂したりなど、自他の感情に圧倒されたり巻き込まれたりしないよう心がけましょう。

＊スピリチュアル体験が「来た」と思ったら、そしてそれを受け入れたいならば、そのとき平常心を保てるよう落ち着いていましょう。

聖なる力と繋がるために

初めてのチャネリングから2週間ほどたったある朝、ベッドから立ち上がると、またしても聖霊から語りかけが起こった。今度は、私を囲む円錐形のテントのような領域のどこか。上からのようでもあり、周りからのようでもあった。

「わしからは、お前が見える。お前からは、わしが見えない」

その通り、私からはその存在を見ることはできない。

その声は言った。

「これから、わしらとお前、
すなわち天のものと地のものとがひとつになって仕事をしていく」

天上から地へ伸ばされた腕と、地上から天へ伸ばされた腕が、互いにしっかりと手首同士を掴み合っているビジョンが見え、「二人三脚」という言葉が浮かんだ。

聖霊は続けた。

「それなので、これからしばらくのあいだお前を訓練する。

お前が『○○と言われたような気がする』と感じたなら、

その通りにしてみるがよい」と。

たとえば、右に置かれたなにかを左へ動かせ、と「言われたような気がした」ならば、そうしてみよ、というのだ。私がその通りにするなら、私にはそれが聞こえていて、さらに忠実に動いていることが「あちら」には確認できる、というわけだ。

神と繋がる訓練

それからというもの私はいつも天に注意を向けることに意識を集中させて生活した。

神聖なる領域と「繋がる」ための訓練のはじまりだった。

その直後、着替えようとすると、さっそく「これを着よ」言われたような気がしたので、その通りにした。ところが、上のブラウスと下のスカートがどうもチグハグだったので「ベルトで誤魔化すか」とベルトをつけた。すると、その声は、フッと微笑み「ま、それも地上でしかできないことだ、せいぜいやるがよい」と言った。
次に、コンタクトレンズを入れようとすると、「コンタクトレンズを入れなくても、運転させてやる。コンタクトレンズを入れるな」と言うのだ。「えー！」と思ったが、コンタクトレンズを入れずに運転をした。通い慣れた道ではあったが、視力0・1の裸眼で運転するのは不安だった。ところが、不安に思うと、ちまち自信がなくなり恐怖に襲われるのだが、「声に従うのみだ」と覚悟を決めると、たちまち全体が見渡せるようになり心は安定した。

「聞き取る能力」は誰でも高めることができます。
＊聞き従う「忠誠心」はまず日常で試されるので、自我を捨て肯定・共感することを心がけましょう。
＊自我を空っぽにして欲や執着を捨てましょう。
日常生活で練習すると、人間関係での悩みなどが解消され一石二鳥です。
＊目の前の事象にばかりとらわれず、全体や上方に注意を向ける（意識を向ける・感じようとしてみる）練習をしましょう。

すべての命に敬意と感謝を

食事の支度をしていたとき、片手にフライパンを持ったまま、割った卵の殻をゴミ箱に捨てた。

すると「違う」と、言われたように感じた。

注意深く意識を向けると、その声はゴミ箱の前へ「座れ」という。

座ると、ゴミ箱を「開けよ」と言うので開ける。

すると、「今捨てた卵の殻を手に取ってみよ」と声。

殻を取り上げ、目の前に持ってくると、その声は丁寧に言った。

「卵は今まで生きていた。

お前の食材にするため
お前が卵を割ったのだ。

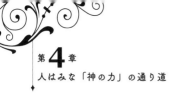

上からゴミ箱に投げ捨てたりするのではなく、
感謝して静かにゴミ箱のなかに『置く』がよい」

＊すべては命です。すべては生きているエネルギーです。いかなるものも粗雑に扱うことのないよう、すべてを尊重し敬愛しましょう。
＊感謝を態度や言葉という形にして表すよう心がけましょう。

「時空」の霊的セレモニー

ある日、アパートのコインランドリーに洗濯物を入れ部屋を出た。私の背後で、油圧式のドアが、キューパタンと閉まったそのとき、

「違う」と言われたような気がした。

「もう一度入れ」とその声。

私はドアを開けもう一度、なかに入る。

「もう少し先まで」と言われ、ランドリーのなかほどまで歩く。

「そこでUターン」と言われ、Uターンする。と、

「先ほど出たように部屋から出てみよ」と言うので同じようにドアから外へ出た。

するとこ「そこ」と止められた。

「今、出た空間へ顔も体も向けよ。そして、片手でドアノブを引き、もう一方の手のひらでドアの面を押し、音をたてずにドアを閉めるがよい。そうして初めて時間と空間を締めくくることができる。これは人間が日常的に行うべき時空のセレモニー（儀式）である」

声は続けた。

人間の持ち場

「人間がそれをしないから、どこかへ行って悪い気をもらってきちゃったとか、誰かに会ってネガティブな気を受けちゃった、などということになるのだ。そして、そのためのスピリチュアルな浄化やお祓いをしてもらっているようだが、時間と空間のセレモニーは本来、人間側がすべき持ち場なのだ」と。

確かに、それまでの私は、「アンティークショップであの骨董品を手にしてから頭痛がする」とか「市場で豚と目があってから吐き気がする」などと言っていたのだが、なるほど、それらは「人間の持ち場」だったのか。障子の開け閉めや扇子で結界を作るなど、日本古来の作法に通ずるものもあるとも思う。

これまでの訓練で気づかれたことと思いますが、霊的指導は前もって説明をしないのが特徴です。

＊聖霊との信頼関係を深め、絆を強固にするために、「どうして？」と先に納得したがるのではなく、心を空っぽに、信じて従うよう心がけましょう。
またそのレッスンは日常の人間関係でも磨くことができます。

＊「時空のセレモニー」を日常に取り入れ、不要な邪気を被らないよう実践しましょう。そこからの気づきや変化を書き留めておきましょう。

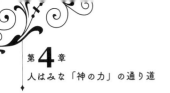

セルフケアは「人間の持ち場」

訓練をしてくれている指導霊は、かつてネイティブ・アメリカンのシャーマンだった「長老」で、名をホワイト・サンダーと言った。5つの約束のときの「サラージ」とは別の次元の存在。

初めてのチャネリング以降、そちらから届くメッセージのことを私は、「宇宙からのメッセージ」と呼ぶようになっていた。私にとっては「チャネリング」というのも実のところしっくりきていなかったし、自分が霊能者だと思ったこともなく、常にそこここに存在する「宇宙」「光」「エネルギー」「意識」「素粒子」と感じるばかりで、どう呼んでよいかわからずにいた。ただ、その高次意識との繋がりを保つよう、仕事以外の時間は、そちらへ意識を集中していた。

ある夜の出来事

その夜もピアノの弾き語りの仕事を終え、夜中2時過ぎ「自動書記」のためお気に入りのカフェへ向かった。「書き取り」つまり書く作業は、当然声を出さず行うので、音がたたないぶん振動がないので「繋がるための波動」を保ちやすい。

カフェの片隅で長い時間、リングノートを開いて「書き取り」をしていた私は、お手洗いへ行きたくなっていた。が、自動書記は止まる気配がない。そのうちに我慢の限界に達してしまった。それでも流れてくる宇宙からのメッセージは止まらず、書く手も止まらない。私は我慢ギリギリ貧乏ゆすりしながら書いていた。思いあまった私はノートに書いて見せた「トイレへ行って来ていいですか」。

すると、なんと、そのエネルギーは新鮮に驚いたような、少々呆れたようなそんなエネルギーを発して、「もちろんです」と書いて答えた。そして、「そのようなことは、私たちに尋ねることでもなく我慢することでもない。人間側で優先すべきこと、人間みずからケアすべき領域なのですから」と書き示してきた。

神の力、引き寄せの源のエネルギー意識は、24時間365日休む必要なく働きを成している。一方、私たちには、時間や体力など限界限度がある。だから、その「調整・調節」は私たちの担当分野だということなのだ。

「天と地」の二人三脚とは、そういうことでもあるのだろう。

私は、崇高なる聖なるものに自分自身を捧げる「献身」の意味合いについて間違った解釈をしていたことに気づかされた。見えざる力は、人間にそこまで犠牲をはらってもらおうなどとは毛頭思っておらず、むしろ、そこは「担当外」。

無理して体を壊したからといって、神様が特別に労い治してくれるわけではなさそう。健康を守り、快適さを保つのは自己責任の範疇。スピリチュアルな生活以前の前提課題だったのだ。

「献身」は「犠牲」とは違います。
＊自分の体に「我慢」させていないか、注意をはらい「からだの声」を聞きましょう。

＊「きりのよいところまで」と自我を優先させてしまうと、「からだの声」に従うことになりませんから、「やらないと気が済まない我慢」をこそ、我慢するコントロール力を養いましょう。

＊健康を守るのは自己責任の範疇ですから、病気の予防やストレスケア、運動や食事など「健康意識」を高く保ち、習慣づけましょう。

すべては波動 波動は永遠

お風呂に浸かるのが大好きな私は、日本のような湯船のないアメリカでは、浅めのバスタブにお湯を張って、寝そべるようにして入ることを習慣にしていた。

その夜も、いつものようにお風呂に入ろうと、片足を上げた、そのとき、長老ホワイト・サンダーは言った。

「このお湯をまったく揺らさず入ってみよ」

そこで、私は慎重に片足ずつゆっくり静かに入り、長く静かな呼吸をしながらそっとそっとバスタブに浸かり、どうにか身を横たえた。横になるとお湯の水位は顎のすぐ下あたりだったので、今度は鼻息で水面を揺らしてしまわないよう、さらに慎重に静かな呼吸をした。

私は、かなりよくできたと思ったので、少し自慢げに「どう？」と思いを伝えた。すると、「見よ」と言った。

見ると、さささささー、さささささー、と、目の前の水面に波紋が立ち広がっているではないか！

平らな水面に、石を投じたときに立つような波紋が、次々と一定の間隔で幾重にも広がっている。

「えええ？　な、なんだろう？」

よく見ると、心臓の鼓動だった。

自分の心臓の鼓動にあわせて胸から足元の浴槽の端まで波紋が立っている。

感動して、その波を見つめていると、長老は諭すように言った。

「浴槽には、きりがある。宇宙には、果てがない」

現実はみずからの波動の結果

「自分」が発信元になっているすべては「この自分」が投じた波動として、宇宙へ果てなく永遠に広がりそして記憶される。だから自分から「発するもの」に注意深くあらねばならない。

またそれらの波動に同調した波動が現実として起こる／引き寄せられる。だからすべては波動であり、今、現実として経験しているすべては、みずからが発した波動の「結果」である。

私は「なんて素晴らしいんだろう」と感動した。

すべては波動。波動がすべてを創り出しています。

＊波動がすべての現実を引き寄せていることを覚えて、発せられる波動に注意しましょう。

＊あなたに放たれる波動は永遠に消えず記録され続けることを覚えて、いつも穏やかで機嫌よくいるようレッスンを楽しんでください。

＊感情に任せてドアや物を乱暴に扱うのは論外。ブーメランのように自分に返ってきますから、他人への期待や甘えを捨てて、感情をコントロールしましょう。

＊整った波動を保つために「音」を立てない生活にチャレンジしてみると、波動が乱れなくなります。

真の癒し手となるために

フリーウェイでは時折、車にはねられた動物の死骸を見かけることがあった。時間が経っている場合は、乾いて雑巾の塊のように見えるだけなので、あまり痛ましさを感じずに済むのだが、「その直後」の場合は生々しい。

その日は、車で近づくと、赤い血肉が見て取れた。

私は「うっ」と目を逸らした。

すると、長老は「目を逸らすな。直視せよ」と言った。

「お前たちはスーパーの精肉売り場で肉のパックを取り上げて、こっちの色のほうが新鮮そうだ、美味しそうだ、と言って肉を選ぶのではないか」と。

そして、

「真の癒し手になるための訓練として、かわいそうと思うな。直視せよ」

と言うのだ。

「通り道」になる3つの条件

理由は3つあった。

1つめは、人を癒すとき完全な「通り道」になって、純度の高い聖なる癒しの光を通すことができるようになるためだ。

もしも、癒しの通り道となる「自分」が特定の人に対してかわいそうという感情を抱くなら、その時点でその通り道には個人的な感情がこびりついていることになる。パイプの内壁に自我の塊がこびりついていればそのぶん「通り」が悪くなる。つまり、個人的感情を排除し完全中立の感覚で、自我を空っぽにし、透き通った通り道であればあるほど、より多くの癒しの力が通されるというのだ。

「かわいそう」と思うその主観的なランクづけ、たとえば、「あの人はかわいそう。でも、この人は自業自得」などと個人的な判断基準でレベルづけしてしまえば、本来無限であり不可能はないはずの神の力・癒しの光も、その人のつけたレベルに応じた質量のエネルギーしか届かなくなってしまうからだという。

2つめの理由は、相手の「気」を受けないためだ。「人を癒す人になりたい」とヒーラーを志望する人の多くは慈悲深く共感能力が高い傾向にあるが、そのぶん、相手の感情に同調し、影響を受けて傷ついたり心身の具合が悪くなったりすることが多い。あえて、主観を捨ててこの訓練をすることで、他者の感情エネルギーに巻き込まれることがなくなるからだという。

3つめの理由は、同様の判断基準で自分のことを計ることのないようにするためだ。つまり、ある状況や条件で「かわいそう」と判断すると、自分がその状況になったとき、人からも同じように「かわいそう」と思われて然り、と暗に思いこむことになり、それが期待に繋がり、波動を乱すからだという。

たとえば、苦労している人を見て「かわいそうだから、手を貸してあげるべき」と思うとすると、自分の場合も同じ計りで「かわいそう」と判断し「だから手を貸してもらえるはず」と期待してしまう。そこでその期待がはずれた場合、傷ついたり嘆いたり憤ったりすることになる。自分の判断基準で自分を苦悩に追いやることになるというのだ。

死んでいる動物や苦しんでいる人に対して、「かわいそうと思うな」という訓練は冷酷に感じられるが、人の力を超えた見えざる聖なる力を通す特別な媒体であるには、「個」であってはならない。少なくとも必要に応じて、そうしたあり方に切り替えられるよう訓練されてこそ、純度の高いヒーリングができるようになる。また、この訓練がなされていれば、相手の「気」を受けて具合が悪くなることはなくなるという。

人から「気」を吸い取られると感じることがあるなら、「かわいそうと思わない」訓練が役に立ちます。

＊純度の高い真のヒーラー「神の力の通り道」でいるのに必要なことは、「空っぽの通り道」になることですから、「何も思わない」練習をしましょう。

＊相手の話を聞くとき、自分の深呼吸に意識を向けて「感情を切り離す」練習をしてみましょう。そうすることで、日常的な人間関係から感情的な影響を受けることもなくなることでしょう。

＊平常心、不動心を保ち、神の力の通り道となるための波動を獲得するために、人生でいろいろな試練が与えられている、ということを覚えておきましょう。

＊神の器となるために、「共感」しても「同調」しない姿勢で生活しましょう。

聖霊からのスペシャル・レッスン

◇「不快」ではなく「快」を選ぶ

自分の味方になり、自分を愛すること。みずからに「快」を提供し、神と繋がるために必要な「至福感」を保つことを目指そう。

◇執着を手放す

物に執着せずいつでも手放せる自分でありなさい。

考えに固執せず柔軟に手放せる自分でありなさい。

あなた自身が自由自在でいることこそ「幸福」であり、その状態でいるとき聖霊と繋がる通り道となることができるからです。

◇好意を行うときは、「なぜならそれが喜びだから」と心する

あとで「せっかく○○したのに」と思うなら最初からするな。見返りを期待している自分が自分を傷つけるのだから。

◇全肯定、批判しない練習

いかなる人も自由で、無条件に肯定されるべき存在だ。あなたも、他者も、人は自分を計るその計りで人を計り、人を計るその計りで自分を計るものだ。だから、一切の批判をせずすべてを「然り、然り」とただあるものとして認めること。

◇あらゆる人の価値観を尊重しなさい

例えば今すぐ10万円を使わなければならないとしよう。本を買う人、飲食に使う人、ギャンブルに費やす人……。三者三様、十人十色、千差万別。好みや価値観に良し悪しをつけない。あなたも人も本来自由。

◇「今の自分が好きか」自問しなさい

好きと思える自分であるように努力しなさい。

◇物の紛失、人との別れは変化・前進の兆候

物をなくしたり壊したりしたとき、不注意を反省する一方で、変化の時期の離別だったのだ、身代わり紛失だったのだ、運気アップのエネルギーチェンジの時期なのだ、と思い直し前向きにありなさい。

◇感謝、喜び、ご機嫌の波動は、同類の波動と同調し、同類の出来事を引き寄せる

だから、いつも喜びと感謝でいっぱいでいなさい。そうすれば、あなたの周りは、さらに喜びにあふれ感謝に満ち、ご機嫌&ハッピーが増幅していきます。

◇人の「とき」を信じ尊重しなさい

複数の種が芽を出すタイミングが、それぞれ違うように、気づきや学び、成長にも、それぞれ「とき」がある。

これから学びのときを迎える人に苛立つことのないよう、人を、神を信頼しなさい。

◇相手の話を最後まで「考えず」「解ろうとせず」聴きなさい

相手の言葉を先読みする習慣があると、聖霊からのメッセージを正しく受け取ることができない。日常で訓練しなさい。

◎**いつも「親切」でありなさい**

人にも自分にも、行いでも心でも、いつも親切であってください。神は親切で気前がよいからです。

第5章

ビジョン・クエスト

地図を持たない3000キロの旅

ネイティブ・アメリカンの少年が勇敢な成人男性になるための伝統的な通過儀礼に「ヴィジョン・クエスト」と呼ばれるものがある。ひとり大自然を彷徨い、聖霊から精神性を試され、天からヴィジョンを授かるというもので、その内容で次代のシャーマンが選ばれる。

あとから思えば、私はその現代版を経験した。

長老ホワイト・サンダーと繋がるようになって、砂漠で断食したり、ネイティブ・アメリカンの居留地を何日もドライブ旅行したりするようになっていた私は、アメリカ南西部の砂漠地帯と自分の魂、つまり前世の私のスピリットが強く反応しているのを感じることができた。

砂漠に行ってよみがえった記憶もあった。小学1年生の図画工作の時間に、紙粘土で「お面」を作ったとき、周りの女の子たちみんながティアラをつけたお姫様のお面を作っているなか、私は赤黒い頬に3本線が描かれたインディアンの勇者のお面を作ったことだ。

神聖な存在の導きによって

ある日、「旅に出る。地図はもつな」とのメッセージが届いた。

今と違ってスマホもカーナビもない時代、ドライブ旅行に地図は必須の持ち物だった。しかし、もちろん仰せの通り私は地図を持たずに出発した。

ロサンゼルスから砂漠のフリーウェイをひたすら走り、アリゾナ州のセドナ、グランドキャニオンを経由し、2日目にニューメキシコ州のサンタ・フェへと導かれた。

サンタ・フェはスペイン様式とアドビ建築が融合された美しい街だ。

地図もない目的地も知らされない、たった一人の旅。

運転中、大きな分岐点に出くわすと、標識に記された街の名前やスポットのエネルギーに吸い寄せられるように、行き先が導かれる。そんなふうにしてコロラド州方面へ北上した。途中、休憩がてら立ち寄ったカフェや食料品店ではなぜか「あなたはとってもマグネティックな人」(磁力の強い人というような意)と何度も同じ言葉をかけられた。

しばらく進むと砂埃が舞うような山道になった。さすがに地図を持たない旅がどんなに無謀なことか感じはじめていたが、私は導きを信じることにした。

導かれる場所や物は、標識や看板が「輝いて」強調されているように見える。

山道をさらに1時間ほど北上しドルシェという小さな街に到着した。

そこは、ヒカリヤ・アパッチという小さな部族の居留地で、示し合わせたかのように出会うことのできたシャーマンの女性に迎え入れられ、地元の人だけしか立ち入ることができない聖地へ案内してもらい、彼女の家で祝福の儀式をしてもらったりした。

初対面だったのに懐かしくてよく知っている気がして、ほんとうに、魂が「あるべきところにあることを喜んでいる」のがわかった。

生活していると本人にも解せない、内から沸き起こる喜びや涙、恐れや怒りなどの感情に出会うことがあるが、それこそが前世からの魂レベルでの感情反応なのだということを、この旅で経験することができた。

そして、自分のこれまでの体験を振り返り、霊的な知恵や魂からの導きは「知りたい」と祈ったからといって知らされるものではなく、与えられる経験を通して気づかされる「体験型」なのだな、と思った。魂を探し出す冒険に私はワクワク夢中だった。

すべては「導き」

3日めの朝、果てしない真っ青な空に、鷲が大きな羽を広げて風にのっているのを見た。ドルシェを発ち、山を下るとオホ・カリエンテという温泉施設へと導かれた。

簡単なパンフレットには「1000年前からのネイティブアメリカンの癒しの場」と記され、「鉱泉」と「デトックス・スパ」がマニアックな人たちに知られているらしい雰囲気の少しさびれた宿泊施設だった。

チェックインを済ませ、併設されていたパワーストーンの店に足を踏み入れると赤いアポロキャップに髭を蓄えたキャップという大柄の男性が「君が来ることは知らされていた」と言い、儀式に使うインディアンドラムの音楽やホワイトセイジのスマッヂ（乾燥させた葉。燻《いぶ》して浄化に使う）、クリスタルなど私に必要なものを揃えてくれた。

母親の懐に入ったような暖かさに、ただただ涙があふれて、キップが接客中も店の片隅に座らせてもらって、一人静かに泣き続けた。

オホ・カリエンテの鉱泉でたっぷり癒され、木の香りのする部屋でぐっすり眠った。キップはTAOS《タオス》というインディアンの村へ案内したいので数日滞在するよう勧めてくれたが、「ここを発つ」との強いインスピレーションを受け、私は発つことにした。キップは反対した。なぜなら、後にアメリカの気象史に残るほどの大災害をもたらした巨大ハリケーン「アンドリュー」がその日、テキサス州を襲っており、隣州であるニューメキシコも暴風雨が荒れ狂っていたからだ。

それでも私は導きに従い、夕方、キップに別れを告げた。

電灯ひとつない真っ暗な山間のフリーウェイをひたすら西へ向かった。

容赦なく襲いかかる豪雨は、最高速のワイパーを嘲るかのようにフロントガラスを叩きつけた。

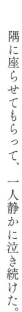

宇宙のサイン

前にも後ろにも、長いあいだ、他の車はまったく見えなかった。この地球上に誰一人存在していないのではないか、という恐ろしい錯覚に陥り、心細さに胸が締めつけられた。私は、沸き立つ恐怖に負けじと、唇を固く結び、ハンドルを握りしめ、暗黒の世界をひた走った。

遠くのほうに小さな灯りが見えた。
なんだかすごくほっとした。

近づくと、24時間営業のマクドナルドだった。お馴染みの看板と店内に人影も見えた。スピリチュアルな試練の旅でマクドナルドの灯りにほっと安堵させられるなんて……。でもこんなふうに宇宙は「だいじょうぶ」のサインを届けてくれるんだなと、苦笑した。

幸いにも、ハリケーンとは反対方向へ向かっていたので、少しずつ雨が弱まってきた。大きな雲の塊が、空の低いところ、頭のすぐ上を猛スピードで駆け抜けていくのが見える。

地球のどまんなかで宇宙に抱かれ

夕方出発してから、すでに6時間。走行距離は400キロ。フォーコーナーズというモニュメントへと導かれた。

ちょっとした観光名所でもあるフォーコーナーズはアリゾナ州、ユタ州、コロラド州、ニューメキシコ州の4つの州が直角に交わるアメリカ大陸唯一の州境。「地球のヘソ」と称されるこの場所は、地面に直径数メートルの円形タイルが敷かれており、それが4等分に区切られ、その上に立つポールには、4つそれぞれの州旗がはためいていた。

こんな悪天候の夜、広い駐車場には1台の車も停まっていなかった。

車を停め外へ出ると、小雨が舞い、雨は止もうとしているところだった。

見渡す限りの地平線と夜空。

分厚い大きなハリケーン雲は音をたてんばかりの勢いでぐんぐん東へ走っていく。西の地平線にほんの少し、三日月型に星空が顔を覗かせている。

私は風に吹かれながら、空を見上げていた。

すると私の体はひとりでに動きはじめた。自分の意思では止めようがなかった。聖霊が私を操っているのか「体」が、そそくさと何か準備をしはじめている。

キップの店で調達したインディアンラグを大地に敷く。
ホワイトセージのスマッヂに火をつけ煙を焚く。
ネイティブアメリカンの儀式のドラム音楽を大音量でかける。
ドルシェで調達したインディアンドラムをラグの上に置き、叩きはじめる。

自意識はあった。なので「今ここにどの車も入ってきて欲しくない」とちょっぴり思った。が、体が何者かに動かされているようで止めようがなく、実のところ心地よくもあった。

低く大きな白い雲はそのあいだも形を変えつつ、西から東へと流れていた。

時折、立ち上がってステップを踏む。大地にかがんだり、天を仰いだりしながら、ドラムの音に合わせて、一緒に歌い踊っている。

すると、突然、周りにガヤガヤと人の気配を感じた。仲間たちも大地を踏み鳴らし、母なる大地に祈りと歌とを捧げているのがわかった。

と、そのとき、大きな炎が夜空に立ち上がる幻を見た。パチパチと火の粉が空へと吸い上げられては消えていく……。

仲間たちと一緒に、踊り祈り、太鼓を叩き続けた。

勇敢な戦士

どれくらいのあいだそうしていたのか自分でもよく覚えていない。

息切れした私は、ラグの上に寝ころんだ。

大の字になったその瞬間、私は信じられない光景に息をのんだ。あれだけ大きな雲に覆われていた夜空が、完全に開け、満点の星空が広がっていたからだ。360度地平線に縁取られた巨大ドームは、雲ひとつない完璧な星空に変わっていた。

最後のハリケーン雲が、東の地平線の少し上に、三日月型に見えるのみ。私は立ち上がって、その雲が地平線へと消えていくのを見送った。


数えきれない星が瞬き、天の川が夜空に優しく渡っていた。

私は、地球のど真ん中に立ちつくして、果てなき宇宙を仰ぎ見ていた。


ヴィジョン・クエスト。地図を持たない魂の旅。

ドルシェの人たちとの出会い。キップとの出会い。ハリケーンのなかのドライブ。

闇の恐怖と光の優しさ。前世と現世。

旅の終わり、地球がこんなサプライズを与えてくださるとは……。

感動と喜びでいっぱいだった。


満点の星々瞬く宇宙から、呼ぶ声が聞こえた。

「Brave Worrier ／勇敢な戦士」

チャネリングとリーディングの違い

ヴィジョン・クエストを通して、聖霊との信頼関係が確定されたためか、訓練の時期は終わりを迎えていた。

そのころ、一緒にいる人に、長老ホワイト・サンダーから伝えられることを、そのまま口にしてみると、その人とその人の家族しか知りえないようなことを「言い当てる」という現象が相次いだ。いわゆる霊力が増していったのだ。

ちょうど、引っ越した先のアパートにスピリチュアル・カウンセラーをしている日本人女性がいて、「あなたが来るのを待っていた」と言う。病気がちなため霊能カウンセリングを引退するのでクライアントもそっくりそのまま「あなたに引き継いでもらう」と言うのだ。

アメリカのアパートに日本人が住んでいるだけでも驚きなのに、霊能者が私を待ち受けていたなんて！

すべては偶然ではなく、すべては必然、そして導かれてのこと。その連続を日々体験していた私はこのとき、さほど驚くでもなく「そうきたか」という程度に心静かに受け入れた。

連日、彼女の部屋へ通い、スピリチュアルエネルギーの読み取り方など、霊的ワークの数々を特訓してもらった。

いろいろな悩みを抱えたクライアントに対して、亡くなった家族や親族、ときにペットからその人へ伝えたいメッセージを届けたり、チャネリングで高次意識からのメッセージを語ったり、本人のエネルギー調整を行ったりした。ネイティブ・アメリカンのドラムやセイジを用いた浄化や祈祷、クリスタルを用いたヒーリングなど、これまでの経験がまとまった「独自のスタイル」が確立されていったように思う。

リーディングとチャネリング

ちなみに、スピリチュアルメッセージについて「このように言っています」と、私が霊的エネルギーを読み取り、私の言葉で仲介するスタイルを「リーディング」と呼んでいる。その場合、私の意識が「ここ」にあるぶんだけ、私がよりわかりやすい言葉を選んで説明することができる。

一方、高次エネルギーを宿らせて、そのエネルギー意識が直接語るスタイルを「チャネリング」と呼んでいる。どちらも脳の状態は変性意識状態といわれるもので、英語では、「トランス／トランス状態」といわれるが、チャネリングのときのほうが深いトランスなのでフルトランスといい、リーディングの場合は自意識を残しておくのでハーフトランスという。

フルトランスのチャネリングの場合、チャネラーは単なる媒介なため、私以外のテンションや声で私以外の話し方をするので、終わったあと「疲れていませんか」と気づかっていただくことがよくあるが、まったく逆で、お昼寝のあとのように、むしろ元気になっている。

チャネリングは日本の霊媒師「イタコ」のような現象ともいえるが、霊媒師は文字通り、この世にはいない「霊」の存在を乗り移らせて対話する現象のことで、それに対して「チャネリング」は、霊魂ではなくより高次の「エネルギー意識」が、普遍的なメッセージを語る、というのが私の印象だ。

ラジオ電波もFM、AM、短波などに分かれているように、見えないスピリチュアルエネルギーの領域も、地上に近い霊魂的なものから宇宙意識的なものまで幾つかの領域（レベル／層）がある。

どの番組を視聴したいかは、私たちがみずから決めて電波を絞り込むのと同じように、見えざる世界も選択は可能なのだ。否、選択しなければ繋がりようがないのだ。


合わせたいチャンネルにチューニングしてください。

スピリチュアルな次元と繋がることができます。

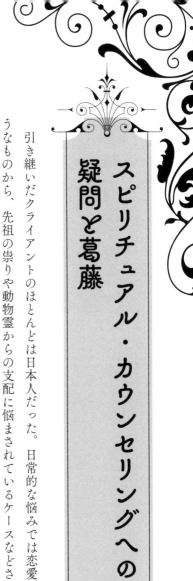

スピリチュアル・カウンセリングへの疑問と葛藤

引き継いだクライアントのほとんどは日本人だった。日常的な悩みでは恋愛相談のようなものから、先祖の祟りや動物霊からの支配に悩まされているケースなどさまざまだった。

そのころ私は、宜保愛子さんとの、ある場面を度々思い出していた。
それは小学生時代の夏休みのこと。近くの公園へ毎朝ラジオ体操をしにいくと、胸にぶらさげたカードに、お当番のおばさんが「参加」のハンコを押してくれるのだが、宜保さんがお当番のときは、ハンコの押し方が全然違うのだ。ものすごい圧で念力を押し入れてくるような、そんな感覚を、私は毎回、感じていた。他の子どもたちがどう感じていたかはわからない。けれど、宜保さんは他のおばさんたちがするようにただポイ、とハンコを押すのとは全然違っていた。子どもの感覚としては、「おばさんはいつも何かをくれている」と感じていた。

その自分が、今、スピリチュアル・カウンセリングをするようになっている。宜保さんが、目に見えないレベルで、私に手渡し、託したものがあるとするなら、それはなんだろう、と考えていた。


しかし、同時に、私はスピリチュアル・カウンセリングをすることに関して葛藤し自問していた。

その葛藤とは、霊的なメッセージや儀式や祈祷、ヒーリングなどで、その場では問題が解消されても、同じクライアントが戻ってくるとき、環境や関わる相手は変わったとしても「また同じ悩み」について相談されることに気づいたからだ。霊的な処置で表面的に解決しても、その人自身がもっている「パターン」があるように思えたのだ。

根本解決を探る

単純な例をあげると、彼氏の浮気問題で悩んでいる人がいるとする。

スピリチュアル・カウンセングで、その女性の祖父が生前、女性問題で祖母を泣かせていたことがわかり、祖母の癒えない霊と交信したり、浄霊のためのセレモニーをしたりする。すると彼氏の浮気問題が解消し、めでたしめでたし、となる。ところが、次の彼氏で、その女性はまた同じ目に遭う。話をよく聞くと、浮気癖のある男性を引き寄せている理由に、彼女のほうが「浮気されることを前提に」相手を疑って関わっているため、異常に嫉妬深かったり束縛が激しかったりする。そうした彼女自身の「癖」が見えてくる。「癖」とは、現実を引き寄せる「波動」でもある。

だとしたら、「本人自身の内にある原因を正すことが根本解決ではないだろうか」。

悩みの原因がまったく霊障によるものの場合、スピリチュアル・ワークは大いに功を奏したが、そのケースはむしろ少なかった。見えないエネルギー（気）をクリアにするなどのスピリチュアル・ワークや祈祷は、無駄だとも不要だとも思わないが、霊障さえ本人の発するエネルギーが引き寄せているのでは、と考えると、他の多くのケースも、その理論に当てはまった。当時はまだ引き寄せの法則についても明かされる以前だったが、私は、引き寄せの波動について気づきはじめていたのだ。

そんなある日、ご主人の家庭内暴力の問題で度々相談にきていた、ある夫妻がやってきた。ご主人は、奥さんが発する何気ないひと言に激怒し、殴る蹴るに発展する、という。何気ないひと言とは例えば、何か話をしているとき奥さんから旦那さんへ「なんでそんなこと思うの？」と尋ねたり、頼んでおいたことについて「いつできそう？」と確認したりするだけなのに激昂するという。奥さんは、心にも体にも傷を負い、ビクビクしながら生活するのが辛いと泣いた。が、離婚は考えておらず、普段は温厚で優しいご主人自身が、自己コントロールできないことに苦しんでいるのを知っているだけに、どうにか力になりたい様子だった。

この夫妻が戻ってくるたびに、聖霊の働きによるスピリチュアル・ワークを施していたわけだが、私のほうが考えはじめてしまったのだ。
「これでは、毎回、痛み止めや麻酔薬で症状を止めるようなものではないだろうか」と。そして、根本的にお二人がハッピーになる手段が見つかるよう、私は祈った。

葛藤するのは自然で正直なこと。神は葛藤するあなたを見ておられます。その先に、あなただけの真なる道は開かれるのです。

トラウマ・セラピー誕生秘話

その日は、ご主人ひとりでやってきた。40代の中肉中背の男性だ。

今回は、「暴力に及ぶその瞬間、心で何が起きているのか」詳しく聞いてみた。

そのときのことをゆっくり感じることができるように、目を閉じて深呼吸もしてもらった。

すると少し顔を歪めて「自分は無能で使えない、ろくでなしと言われているように感じる」と言う。そのまま深呼吸を続け、どんなことが連想されるか、自由に感じてもらった。

すると、彼の顔がみるみる歪み、「玄関が」とか「スポーツバッグが」と言いながら、子どものようにひくひく泣き出した。

そのうちに彼は号泣し、涙も鼻水もそのままに「お父さんの背中が」などと言っている。当時はまだヒプノセラピーの心得のなかった私だが、子どもに返っていると直感し、幼い子に話しかけるような口調で話を聞き出していった。

ご主人が心で再体験していたことをまとめると、こういうことだった。

喧嘩の絶えない両親が離婚することになり、その朝まさに父親が家を出て行くところだった。父が玄関でスポーツバッグを傍に置いて靴の紐を結んでいる。「僕」は、その後ろ姿を見ている。

「お父さん、行かないで」そう言いたい。けれども僕は何も言えず、ただ黙ってお父さんが出て行くのを見送ることしかできなかった。

もしあのとき、僕が勇気を振り絞ってお父さんを止めることができたなら、お母さんは、僕と兄貴を育てるために、あんなに苦労する必要はなかったのではないか。僕ほど弱虫で臆病で、無能なクズはいない。まったく情けないろくでなし!

両親の離婚も、母の苦労も彼のせいではない。しかし彼はずっと、そうやって自分を責め続けて生きてきたのだ。その心の声が、外界の物事を捉えるフィルターになり事実を歪めて認知していた。だから、「これ、まだ時間かかりそう?」と言われたとき、もし、言葉通りに取ることができれば、「もう少しかかるよ」などと答えるだろうが、彼は外からの情報を「遅いわね、まったく無能なクズ！」という心のフィルターで受け取ってしまう。そのとき彼は心で、父の背中を見送ることしかできなかったあの辛さを味わっている。今回号泣したような、その味わいには到底耐えられない。そこで、そんな気持ちにさせる相手、すなわち奥さんを黙らせる、奥さんの存在を打ちのめす、という暴行で、心理的な危機を防衛しているのだということが理解できた。

私は幼い彼に「そのとき本当はどうしたかったのか」聞き出し、イメージのなかでそのようにしてもらった。玄関から飛び出して行き、歩きはじめたお父さんに追いつき、呼びかけ、気持ちを伝えた。お父さんと手を繋いでおうちへ戻り、お父さんとお母さん二人膝をつけて正座してもらい、仲良くするようお願いし約束してもらったりした。

そしてまたお父さんお母さんは「お前のせいじゃない」と謝ってくれたり、優しい強い良い子だと褒めてくれたりし、彼は心からの安心を味わうことができた。

「トラウマ・セラピー」誕生の瞬間だった。

「体と心と魂」三位一体

それからというもの、私はスピリチュアル・セッションに心理セラピーも取り入れるようになっていた。なぜなら、「自分を変えることができない」と悩むクライアントの話に耳を傾けると、やはりその多くがトラウマに由来した本人の捉え方、すなわち「認知」に関わっていることが見出されるからだ。

スピリチュアル・ワークに、カウンセリングや心理セラピーをかけ合わせると、目覚ましい化学反応が起き、おもしろいようにクライアントの問題は激減していった。暴力に悩んだご主人の問題もほぼ消失していた。

ところが、心が癒されても、習慣を変えない限り、問題が再発することがある、ということもわかってきた。暴力に悩んだご主人のケースを例にあげると、彼は、長年、外界からの情報をネガティブな心のフィルター、つまり「無能なクズ人間」と言われているように捉える「認知の歪み」があったので、そこを注意深く修正しない限り、あるひと言で引き金が引かれ、暴力が再発することがあるのだ。

目に見えない次元で、魂レベルにアプローチするスピリチュアル・ワークだけでは現実は変わらない。問題パターンのもととなるトラウマなど感情面の癒しを心理セラピーすると大きく改善されるけれど、日常の考え方や行動が変わらないままでは、また戻ってしまう……。

「体」と「心」と「魂」これら三つへバランスよく働きかけることが、真の癒し、根本的な問題解決、本当の意味で自分を変えていくのに必要だということは、私自身も経験したのでよくわかっていたけれども、クライアントと向き合っていろいろなケースで実証を重ねていく必要があった。

「体と心と魂」のバランスを意識しましょう。
それが、幸せな人生の鍵だからです。

自分の内にある導きの声

訓練の時期は終わっていたので、「聖霊の声」に耳を傾けて過ごすことはなくなっていたが、心を整え、良い波動で暮らすことを最優先しての生活が習慣づいていた。31歳になっていた。

もっと落ち着いてセッションできる環境へ移りたかったが、なかなかよいところが見つからず、しばらくそのことは忘れて過ごしていた。

そんなある日、グレンデールという街にある陶芸の体験レッスンに申し込み、当日、教室へ向かって運転していた。そのとき、なんとなく思った。

「お教室へ行ったら、ルームメイトを探している人がいないか、聞いてみよう」

先生の家の裏庭にある陶芸スペースはオープンエアで、レモンの木やプラムの木が風に揺れ、葡萄の蔦が生い茂っていて、ナチュラルで素敵なところだった。

内なる声に耳を傾ける

楽しい陶芸の時間も終わりに差しかかったとき、あ、そうだ、と思い出し、

「誰かルームメイト探している人いない？」

と口にしてみたところ、陶芸の先生がゲストハウスの入居者を探していると言う。ちょうどこの広い庭に面した部屋だった。私は即決で引っ越すことにした。

訓練の時期には、意識を集中させて聞き取っていたことは、いつしか自分の内なる声として「なんとなく思う」という表れ方へと変わっていたのだ。

こうした、いわゆる「引き寄せ」は訓練次第で日常茶飯事になる。そして、それこそが人間本来のあり方であり、潜在能力が健全に発揮されている当然の姿なのだ。


「なんとなく」思ったことを口に出してみましょう。

「まさか」とか「恥ずかしい」と思ってかき消してしまわず、ふと思ったことを口に出してみるようにしましょう。「カン」が磨かれるコツです。

「カン」の延長線上にあるのが「霊感」だからです。

バシャールとのグループセッション

グレンデールでの暮らしは、自然のなかで心の風通りがよく、毎日が爽やかだった。のんびり瞑想したりネイティブ・アメリカンの太鼓を叩いたり、昼間から長時間バスタブに浸かったり、お経を唱えたり陶芸をしたりなど、スピリチュアルな気ままな生活を送りながら、常に高次意識にチューニングしていた。

心理セラピーも、キーボードを生演奏しながらのオリジナルスタイルへと発展し、日本語のコミュニティ誌にチャネリングメッセージの連載をもつようにもなっていた。

そのころ、ダリル・アンカ氏の自宅で「バシャール」のチャネリングを受けたのを機に、私の家にバシャールを招いてグループセッションを行うようになった。

庭の見える部屋に10人ほどの参加者が気ままなスタイルで座り、バシャールはみんなの前で椅子に座り、私はその横で同時通訳をしながらのセッションだった。

広がる活動

あるとき、どういう流れでそうなったか記憶にないのだが、バシャールがより強力にチャネリングができるようになる呼吸法を私に直伝してくれた。

参加者全員が、固唾を飲んでその様子を、見守っていた。長く深く胸に響かせる難しい呼吸法だったが、なぜか私は子どものころ自然とやっていたことを、そのとき急に思い出し、すぐにコツをつかんだので、バシャールも少し驚いていた。

バシャールのグループチャネリングを主催したのを境に、私にとってチャネリングは特別なものではなく、ナチュラルなものへと変わっていった。

ダリルとは日本語新聞で一緒にインタビューを受けたこともあり、スピリチュアルな世界を正しく普及できたらよいね、と語り合った。

その後、バシャールを日本へ紹介したコーディネーターが、私のことを「バシャールのシスター」として来日させてくれ、日本でチャネリングをする機会にも恵まれ、翌年にヒプノセラピー（催眠療法）とのご縁をいただき、全米ヒプノセラピー協会認定セラピストの資格も取得した。

したいことを続けていると、それがあなたの一部になり、
いずれ、あなたの人生になります。
「したいことを続けること」を、自分に許してあげてください。

チャネリング・エッセンシャル・メッセージ

◇あなたは無限の可能性

あなたは無限の可能性。なぜなら、万物創造、全知全能の源であるエネルギーがすべての根源エネルギーだからです。「大海」と「海水の一滴」の要素は同じ。だから神の一雫からなる人もまた神。あなたは神から成る無限の可能性。

◇すべてはうまくいっています

すべては最高最善へと運ばれているプロセス。だから心配せず、いつも感謝し喜んでいなさい。喜びの波動が喜びの現実を引き寄せ、雪だるま式に好循環を増幅させるから。

◇口角上げて深呼吸

心身の状態がどうあれ、脳が指令すれば運動神経が働き「口角」を上げることはできる。そのフィードバックを利用すれば、常に高い波動をキープできる。波動がすべてを創り出す。

◎「想像」は「創造」だ。

イマジネーション（想像）はクリエイション（創造）。思いが現実になる。過去や他人は変えられないが「今の自分」を変えることならできる。起きてほしいことだけ想像し、考え、言葉にするよう日々お稽古に励もう。

◎老いない時間の法則

夢中になっているとき時間は「あっ」という間にすぎる。そのときあなたは「あっ」という時間しか老いていない。逆につまらなくて時間が長く感じるとき、あなたはそのぶん老いている。だから、いつも「今」に夢中になっていなさい。

◎時間は伸縮自在、一瞬に永遠の深みがある

時間はモノサシと違い一定ではなく、伸縮自在である。

「時間がない」と思えば時間はないが、「今・ここ」の時間軸にしっかり乗っかりきると、そこに「時の深み」が生み出され、時間は豊かに広がる。心にも余裕

がもたらされる。時間がないときここそ時間を惜しまず、豊かなひとときを選んでみよう。

◇神のミラクルを受け取る「口ぐせ」

変わったこと、イレギュラーなことを嫌って「普通は」と言ったり、非常識、非定型な人を「信じられない」と言うが、その口癖は神のミラクルをUターンさせてしまうので要注意。「そういうこともあるよね」「そういう人もいるよね」と受け入れれば、あなたにとってありえないミラクルも「あるもの」として受け取ることができる。

◇「癒し・成長・成就」三位一体の法則

「癒し」と「成長」と「(願望・人生の)成就」は、ひとつずつ順に起こるのではなく、花びらのように、互いに高め合いながら、相互補正的な効果で開くようにできている。成長すればするほど癒され、癒されれば癒されるほど成長し、そうして願望成就するようにできている。

◎瞑想するとき、一点集中

瞑想時、閉じた目のなか前方中央に視線をおき、視線をふらつかせないよう一点集中。これによって脳神経を落ち着かせ、心を整えることができる。

◎瞑想を上達させる「1分瞑想」のトレーニング

瞑想、思考に邪魔されないよう集中しようとするより、1分タイマーを繰り返し、「瞑想」と「自由雑記（何でも思いつくままを書くこと）」を交互に行う。このときの「時間がきたら即座に切り上げる練習」が瞑想の上達に繋がる。

◎人生を一瞬でガラリと変える方法

「それより何より、どうなりたいの?」と自問せよ。

人生は「瞬間の連続」。無数の瞬間に人生のレールを変える「無数の選択肢」がある。つまらない考えにエネルギーを浪費せず、「で、どうなりさえすればいいの?」と自問。「波動が変われば、人生は変わる」。イライラや不機嫌も「せーの!」で変えれば、人生のホームも一瞬で乗り換えられる。

第6章

人格と霊格を磨く

トラウマ・セラピー日本に上陸

34歳のとき一時帰国した際、元気だった父が倒れ緊急手術の末、1週間後に亡くなった。とても悲しい出来事だったが、それ以上に不思議に思ったのは、まるでそれに合わせて予定を組んだかのように、3週間の日本滞在中に、葬儀や納骨などまですべて終えることができ、予定をずらすことなくアメリカへ戻ったことだ。神は、宇宙は、どんなに完璧なのだろうと敬服し、帰りの飛行機のなかで父への祈りと共に感謝の祈りを捧げた。

その後、母のためにしばらく近くにいてあげようと考え、1年ほど日米を行き来したが、翌年、帰国することにした。チャネリングなどスピリチュアルな活動を日本に普及したいという目的もあったので、セッションもできる広めのワンルームマンションを実家近くに借りた。

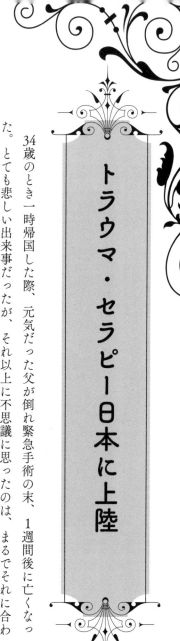

ところが、ちょうどそのころ、あの宜保愛子さんが、ものすごいバッシングにあっていた。時代は「霊能ブーム」から、白衣を着た教授が毎晩のようにテレビに出る「心理学ブーム」に代わっていたのだ。その当時、今でいうスピリチュアル（「スピ系」）は「ニューエイジ」「精神世界」というジャンルとして確立されつつあり、特定の人たちから支持を得てはいた。けれども、それ以外の層の人たちへ、スピリチュアルな気づきやあり方を普及することが自分の使命だというふうにも自覚していた私は、「これからの時代は心理学だ」と直感し、スピリチュアルと心理学を融合したメソッドの開発を目指そうと考えた。

そう思っていた矢先、引き寄せの連続、ミラクルの連鎖で、とあるコミュニティ誌に小さく掲載した広告からご縁が繋がり、私の「トラウマ・セラピー」が、雑誌「CAZ」（扶桑社）で紹介されることになったのだ。編集の秦真由奈さんとイラストレーターの太田垣聖子さんがいろいろな初体験にチャレンジするという連載コーナーで紹介してくださり、さらにそのあと特集を組んでくださった。

1995年当時「トラウマ」という聞きなれない言葉が一般に紹介されたのはこのと

きが初めてだった。

反響は想像以上で、セラピーへの申し込みは殺到し、私は急遽セッションルームの他に事務所を借り、アシスタントを雇い入れたほどだった。

雑誌の読者層である20代30代の女性たちが連日連夜、セラピーへ訪れ、子ども時代のトラウマをセラピーし、心癒されていった。

親からの身体的暴力。言葉の暴力。子ども時代不仲だった両親のケンカがトラウマになっているケース。親のアルコールにまつわる問題。きょうだいと比べられた経験からの劣等感や自己否定感に関するトラウマ。担任教師から受けた心の傷、性被害的なトラウマ、失恋や不倫に関するトラウマなどさまざまだった。

また不登校問題で母娘が一緒に訪れることもあり、その場合、親御さんの子どもへの関わり方について指導することもあった。

「魂の生き方」を求める人たち

こうしたセラピーを通して、私がかつてトラウマに悩み苦しんだことや、そこからの生きにくさ、真の生き方を模索する姿勢などは、決して珍しいことではなく、むしろ多くの人が「ほんとうの自分」「魂の生き方」を求めている、ということを思い知った。

訪れた女性たちは、いわゆるごく普通の生活をしている素敵な女性たちで、人知れず悩んでいたあのころの私自身と重なるところが大いにあった。彼女たちは全員、「どこに相談していいかわからなかった」「精神科の薬は飲みたくない」と語っていたのが、とても印象的だった。

宜保愛子さんとの電話を切ったあと、「運命は自分次第で変えられる」と悟った奇跡の体験から10年。「運命のレールを乗り換える、その方法を教える」という、宜保さんの次なる課題を、私がやればいいと心に誓ったことを改めて思い出した。

「私自身があんなに苦しんで魂に出会い、こんなに多くの人からも求められているとわかったのだから、トラウマ・セラピーについての本を出そう!! 書かないと死ねない!」

そう思うようになっていた。

雑誌「CAZ」でのトラウマ・セラピーの反響の凄さに驚いた当時の編集長平田静子

さんが、私の話を聞きたいと訪ねてきてくださった。そこで、トラウマ・セラピーの必要性や私自身の体験について話すと平田さんは言った。

「リズさん、話が上手でわかりやすい。あなた、本を書きなさい」と。

へえ、と思った。私は、自分が話上手などと思ったことがなかったからだ。けれども、もしそうだとしたら、母のおかげ。厳しい母から再三注意されていたので、自然とわかりやすく話す訓練がなされていたに違いない。


チャネリングでのスピリチュアルメッセージでは、「すべてに最高最善の意味と理由がある」という。そのころから私は、「トラウマ」のスピリチュアルな意味について考えるようになった。

「神様は、私のために、母に悪役を演じるよう指名したのかも」と解釈してみたのだ。

トラウマのスピリチュアルな意味は、その人が魂の使命を果たすために必要な成長課題を授けてくれるというもの。言ってみれば、「英才教育」「スパルタ教育」。そう思うと、つじつまが合う。

言い換えると、人はみな、魂をもって魂の生き方を果たすべく生まれてきているので、それに必要な成長がなされるためのレッスンや障害物は必要不可欠。そうした課題を人生の道の上に設けてくれるのが、親をはじめとする子ども時代のトラウマや、今、与えられている試練。

だからそれがどんなに過酷なものであっても乗り越えられるようにできているのだ。

「あなた、本を書きなさい」

いつか本を書く、と心に誓ったあの日から10年め。

新たなステージへのカーテンを開いてくれたひと言だった。


「トラウマ」は英才教育という名の神様からのギフト。

どんな過酷な試練も乗り越えられるようにできています。

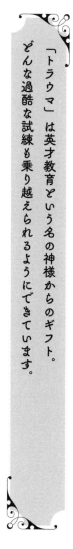

大学進学

どんなによく当たる占い師や霊能者がいるとしても、起きてほしくないことを言い当てられて「当たった！」と喜ぶ人はいないだろう。その意味では「予言」にどれほどの価値があるというのでしょう。

「この問題、解決しますよ、しませんよ」「その願い、叶いますよ、叶いませんよ」

そういった予言めいたことより、どうしたら問題解決できるのか、どうすれば願いが叶うのか、その方法論を創り上げることへと私の情熱は傾けられていた。

そもそも、突然の神秘体験からはじまり、私が受け取るようになった「宇宙からのメッセージ」では、

「わたくしたちは、予言はいたしません。それより何より、今から、これから『どうな

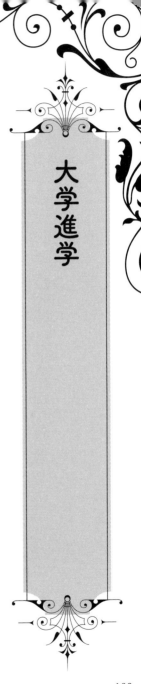

りたいのですか』」

と再三、問いかけてくる。そして、

「人は、思ったぶんだけ、幸せを実現することができます」と言う。

人生の時間は、「瞬間の連続」で、その瞬間瞬間に無数の選択肢、つまり可能性がある。本人の選択次第で、人はいつからでも何にでもなることができるという。とはいえ、チャネリングでそうしたメッセージを受け取って、一時的にモチベーションが高まっても、多くの人は、「でも、難しい」と言う。

これに対して、宇宙からのメッセージは、「人間は頭が良くなりすぎ複雑になったがゆえに、こんなにシンプルなことを『難しい』と言っている」と言うが、それはさておき。

無限の可能性を発揮できない理由として、まず、願いを叶える以前に、今ある問題や悩みを解決する必要があり、その根本的な解決の仕方がわからないでいること。

そして、何かしたいと思っても、何がしたいのかわからないとか、したいことは見えていても、「どうせ私なんて、子どものころから○○だから」とあきらめ気味だったり、「私の親が○○だったので」と過去やトラウマをもちだすケースがほとんど。

だから、「人間の潜在意識は無限だ」と言われても、「はい、そうですね」と簡単にその能力を発揮できるものではない。

それなので私は、そのための手段として、入念なカウンセリングをし、課題を見出し、スピリチュアルな知識を与えながら、心を癒す心理セラピーをし、必要なスピリチュアル・ワークをし、さらに変化を定着させるための新たな習慣づけを実践することで、問題を解決し、願いを叶えるための個人セッションをしていった。

このアプローチはれっきとした心理学だったが、なにせ経験と独学から導き出されたものだったので、受講生により安心して学んでもらうためにも、セラピストを養成するためにも、学問的な裏付けが必要だと考えるようになった。その矢先、いつもの引き寄せが起き、通信制の四年制大学に入学することにした。36歳のことだった。

神様はすべてを最善に取り計らう

大学に入ったからには「4年で卒業する」と決めた。勉強はとても楽しかった。

子ども時代の私はといえば、落ち着きがなく、体育、音楽、国語はよくできたものの、その他の科目はからっきしダメで、理科や算数にいたっては5段階で1のことさえあった。中学高校では、宿題や提出物はいつもギリギリか未提出。髪型や服装を注意してくる母を黙らせる脅し文句は「じゃあいいよ、高校やめるから」。

そんなふうに勉強とは無縁だった私が、初めて使命感をもってする勉強は、心底楽しかった。毎日個人セッションで、カウンセリングや心理セラピーをしながらの過密スケジュールだったが、まったく苦ではなく、むしろ、この4年間で時間の使い方を工夫するのが上手になったと思う。

入学時には約1000人いた学生が4年後の卒業時には約100名。成績は、2科目を除いてすべてAだったので、そこそこ良かったほうではないでしょうか。

人生は計画だ、という人もいるかもしれないが、私の場合は違った。

アメリカへ渡ったときも、自分探しに夢中になったときも、神秘体験が起きてチャネラーになったときも、帰国したときも、大学に入ったときも、「人生の分岐点」になる選択をしたときに限って「考える」ことがなかった気がする。神様が私を思考停止の状態にさせたのかもしれない。

ただ、いつも「どう転んでも、うまくいく!!」と信じていた。「だってすべてお見通しの、宇宙が、神様がすべてを最善に取り計らってくださっているんですもの!!」と。すべてに感謝しエンジョイし笑顔で、祈りと共に生きている。そうすれば、行く先々で次の「乗り物」が待ち構えてくれているのです。

神を、宇宙を信じていてください。
そうすれば、考えずともベストタイミングで
次への「乗り物」はあなたの目の前に現れてくれます。

人格と霊格は正比例する

大学在学中に、刑事さんが私のセラピールームを訪ねてきたことがあった。オウム真理教事件の捜査のためだった。当時「サラージ心理アカデミー」という屋号で事業届を出していたので、名前からして怪しまれるのも無理はない、と笑ったものだが、あの事件を通して、高次意識がしきりに伝えてきたことは、「人格の向上と、霊格の向上は正比例する」ということ。

霊能だけでなく他のあらゆる職業でも、おそらく人は人格以上のことはできないのだと思うが、特に霊能の場合は、幹の細い霊能をヒョロヒョロと高めるだけで、心が癒されていない場合、自他への理解も思いやりも愛情も薄く利己的になる。すると繋がる霊の世界も低次元になり、破壊的なメッセージを鵜呑みにしたり、劣等感を埋めるために支配的な立場になろうとして悪事を働いたりすることもある。

人格を磨くことで、幹の太い、品格のある人様のお役に立つ霊性を築くことができる。

言い換えれば、霊性を高めたがる前に、人格の向上を目指し、みずからを磨くべきなのです。私は、そうしたメッセージを肝に銘じて、驕り高ぶることなく、柔軟な心で、常に受講生一人ひとりから「教えていただく」気持ちをもって共に学び考え、メソッド構築の道を歩んでいった。

また、帰国してから「茶道」のお稽古をはじめたのだが、師の須坂昌子先生のお上品で寛大なお人柄に惚れこみ、人としての品性を磨くことの偉大さに気づき、日常にも研究にも活かそうと自分なりに精進した。

サラージ・メソッドの誕生

そんなふうにして、4年間勉強をしながら事例検証し研究を重ねた結果、
◆「体」「心」「魂」の三層に対して
◆「学び」「実践」「癒し」の三方向からアプローチする
3×3のトリプル・トリニティ・メソッドを体系化した。

愛の光の存在、サラージから受け取った宇宙からのメッセージを、地上レベル、人間の生活レベルで検証し築いたメソッドなので「サラージ・メソッド」と呼ぶことにした。

「そろそろ出会わせてください」

夢中で勉強し、晴れて大学を卒業したのは40歳の春。

実はこの少し前、5年間お付き合いした人との交際にみずから終止符を打っていた。

自分がこの仕事を続けていくことを考えると、どうしても結婚には踏み切れなかったからだ。

そこで今度は、「一体、自分は結婚しないことになっているのだろうか」と考えはじめた。

しないなら、しないで、魂に与えられた使命を果たすのみ、と冷静に覚悟していたけれども、するのかしないのか、したいのか、したくないのか、と考え、こう祈った。

「私が魂の使命を果たすお仕事をして生きていくことは決まっています。

もしもそのために私が結婚をしないことが最適であるならば、結婚は望みません。でも、もし私が結婚することになっているなら、準備はできています。そろそろ出会わせてください」

3ヶ月後の6月、私はある人と出会い、ビビビと直感し導きだと感じたので、迷うことなく1ヶ月後の7月7日、入籍した。

道端でバッタリ会い、すれ違いざまにしたような、そんな結婚だった。

周囲はあまりのスピードぶりに、私への気遣いも見せず平気で「2年もてばよいほうだ」と笑っていたくらいだった。お互いの価値観も性格も過去も、まだ何も知らない人と結婚したようなものだから、そう笑われるのも当然だと思った。

結婚後は、それなりにいろいろな困難もありました。でもここで挫けたら、周りの人たちは「やっぱりね」と言うだけだろうと考え、この導きを信じようと思い、こう考えた。

「もしも彼との結婚が失敗だったというなら、よし、地獄の底までついていってやろう！そしてそこを天国に変えてみせる！」

大切なのは補い合いの精神

ずっと心に残っていた言葉がデジャヴのようによみがえった。

20代のころ、よく通っていたロサンゼルスの自然食品の店主が、「一人ひとりに愛があれば、人間は誰と結婚したって、幸せになれるんだよ。愛があれば、たとえ今日、道端ですれ違った人と結婚したって、幸せになれるものだよ」と、人間の我の強さや、補い合いの精神の足りなさについて、話してくれたことだった。

今年、結婚23年周年を迎えたが、相手のいたらなさに苛立ち責めてしまう心が生まれるたびに、「補わさせていただくために、私がいるんでしょう」と、言い聞かせてきたものです。

私は、彼のサポートのもと、50冊近い本を出し、メソッドを通して多くの受講生の人生にハッピーな変化をもたらしてきました。神の力の通り道になるために、大切なことはみずからの「愛情と根気」を育てることなのだと思います。

「そろそろ〇〇ください」そんなふうにお願いしてください。
引き寄せの源である神は、即刻応えてくれるでしょう。
神様は気前がよいのです。

品格を高める愛のレッスン

◇人格を磨いて、霊格を高める

霊能ばかりを求めるのは危険。いかなる職業であれ、人格以上のことができないのと同様、人の品格は霊格に相応する。

◇「愛はすべてを可能にする」あなたは光の通り道

あなた自身を、すべての他者を、世界のすべてを、価値あるものとして愛し、経験のすべてを最善の意味あるものとし、感謝し祝福することによって、あなたは透き通ったパイプとなることができる。そのとき、思考や感情を超えた「愛の光」の領域へと意識は開かれ、到達する。あなたは光の通り道。

◇神の力の使い手となるため、自分という「暴れ馬」を制御する

自己コントロールができれば、人生を支配下に置くことができる。その意図する通りに神の力を使うことができる。

◇「喜び」から学べ

地球は、人間は、これまで「痛み」から多くを学んできた。痛みからではなく、喜びから学ぶことができれば、地球は破壊を免れ、人類は真の意味で進化を遂げることができる。

◇いつも「中立」である

「喜怒哀楽」は、春夏秋冬、東西南北のごとく本来良し悪しはない。特定の感情を強く嫌悪すれば、振り子の反動で強く戻ってくる。ハッピーを引き寄せたいなら、強く嫌悪するのではなく、在るものすべてを無条件に許し受け入れる、中立な心を保ちなさい。

◇神の力は空っぽな、透き通った通り道に通る

「嫌なこと」があるその理由は、自我を空っぽにするため、神の力の通り道となるため。日々のレッスンを感謝して受け取ろう！

◇あなたの望みは、神の望み

魂の望みこそ、神があなたに望ませていること。

自我を超えた魂の声を優先するようにしなさい。

◇神様と二人きりになる

誰にもわかってもらえず、孤独で一人ぼっちのときこそ喜んでください。そのとき神様と二人きりになることができるからです。人や外界と離れて、「一人静かなひととき」を習慣づけてください。

◇「我・汝・神」三位一体の法則

「私・人様・神様」の正三角形は一辺が縮めばあとの二辺も自動的に縮み、一辺が伸びれば、あとの二辺も伸びる。

神様を慕い敬うように、自分を、相手を、他者を慕い敬い、神様に尽くすように、自分に、相手に、人に、心を尽くしてください。どの辺も縮ませることのないよう、常に、どれか一辺を伸ばすよう、日々を生きてください。

◇サラージ 光のアファメーション

「私のなかの崇高なる光に感謝します」

あとがき

私は、「教祖様になれれば？」と時々言われることがありました。

宜保さんがバッシングにあっているのを目の当たりにし、「スピリチュアルではなく心理学だ」と自分の方向性を決めた割には、メソッド構築は果てしなく、またその間に、スピリチュアルなことがより受け入れられる時代になっていましたから、いっそのこと宗教法人にして教祖様になってしまったほうが、楽なのではないか、と、何度か思ったこともありました。

けれども、どう考えても、これは宗教ではなかったし、私が方法論としてメソッド化し、サイエンスにしなければならない、それが私の命をかけてのチャレンジだ、と。

私には私の使命があり、スピリチュアルと現実のバランスの大切さを伝え、スピリチュアルに偏っているスピリチュアル難民といえる人たちを、健全で現実的にハッピーな世界へと手を引いていくのが、私の役割（使命）だと確信していました。またその逆に、私のいうところのスピリチュアルな経験やメッセージが、アンチ・スピリチュアルの人たちにも、まともな言い分だとか、理にかなっているとか、おもしろいと、広い心で受け入れてもらえるようになったら、その人たち自身が、これまで通されなかった反対側の扉を開けることに繋がると考えています。

「この世は、お金だ、地位だ」、という考えに傾きすぎて、愛や思いやりを軽んじている人たちが、魂レベルで虚しくなり、その波動がゆえに、よからぬ出来事を引き寄せてしまうことも、極力食い止められたら、という思いもあります。

私の本の読者さんは、私の一番の特徴として、スピリチュアルと現実のバランスが取れている、と言ってくださり、それはとてもありがたく光栄に思っています。

また、私の初期の本からずっと読んでくださっている読者さんからは、「25年近く、まったくブレていませんね」と言われ、これも、ありがたく光栄に思います。が、真のメッセージはひとつですから、ブレようがない、というのも事実です。

「神」と呼ばれる、すべての源であるエネルギーは、そこにも、ここにも、どこにでも存在しています。

存在する万物の、もっとも原始のエネルギーです。

私たちの体内の細胞も、そよ吹く風も、想いも、自然界の動植物や鉱物も……すべてすべて最も小さな単位に分解すると、それはおおもとの、ひとつだけのエネルギーになります。ワン・エナジーです。

その意味で、今、私たちが吸っている空気も、神です。私たちは神を吸って、吐いて、神を息《いき》している。すなわち、私たちは常に神を生《い》きています。

自然のものすべて、私たちが手にするもの、目にするもの、食するもの、すべては神のエネルギーによるもの。だから、私たちは、日々、神を見、神を聞き、神を体に通し、生きているのです。

気に入らないものは、ありがたくなくて、気に入ったときは上機嫌。そんな未成熟な人格から、ワンランク上の、感謝と喜びに満ちた自分でいることができるよう、「体・心・魂」それぞれのレベルに磨きをかけていきましょう。

口角上げて深呼吸。
すべてはうまくいっています。
愛がすべてを可能にします。

2023年7月

リズ山崎

Message

神の力の使い手になる

人はみな、無限の力、絶対的なパワーである神に守られ、
導かれています。
人の望みは、神の望み。
思ったこと、願ったことは、純粋に神の力によって、成されます。
ただ、その事実を「知る」必要があります。
そして、その力、そのありかに、
気持ちを向け「繋がる」意識を育ててください。
繋がったら、自分という通り道をクリアに広げ、
その力を「通す」訓練をします。
あとは、自分の望みは神の力が行ってくれるので、
それを「使う」のみ。
そのようにして誰でも、
神の力の使い手になることができるのです。
「私、神様の力のおかげで、こんなに幸せです～!!」と
ピカピカに輝いて、いつも嬉しそうに楽しそうに、
感謝に満ちて、笑顔でいたら、それでよいのです。
そうしたら、その力は、雪だるま式に、
さらに大きく強く好循環することになるでしょう。

[著者プロフィール]
リズ山崎（りず・やまざき）
公認心理師/日本森田療法学会認定心理療法士/米国催眠療法協会認定ヒプノセラピスト/全米ヨガアライアンス認定RYT500YOGA講師
21歳のとき単身渡米。ロサンゼルスにてピアノ弾き語りとして14年間を過ごす。自己探求のすえチャネラー＆心理セラピストに転身。36歳より大学で心理学専攻。「サラージメソッド」を開発。40歳より40冊、累計50万部の著書を刊行。現在、個人コンサルタント、講座、講演等を通じて、人々のトラウマの癒しと、「引き寄せの法則」による願望実現に貢献している。１人ひとりに寄り添うセラピーのみならず、行動法や言葉がけなど具体的な方法で、誰もが最高の自分に変われる、と大人気である。主な著書に『願いは、ぜったい叶うもの！』（青春出版社）など。YouTube、インスタグラムなどSNSも人気。

「神の力の使い方」実践法
メールレッスン（無料）

神の力の使い方

2023年８月10日　　第１刷発行

著　者　リズ山崎
発行者　唐津　隆
発行所　株式会社ビジネス社
〒162-0805　東京都新宿区矢来町114番地
神楽坂高橋ビル５階
電話 03(5227)1602　FAX 03(5227)1603
https://www.business-sha.co.jp

カバー印刷・本文印刷・製本/半七写真印刷工業株式会社
〈装幀・本文デザイン〉長谷川有香（ムシカゴグラフィクス）
〈協力〉合同会社DreamMaker
〈DTP〉茂呂田剛（エムアンドケイ）
〈営業担当〉山口健志　〈編集担当〉山浦秀紀

ISBN978-4-8284-2517-7